東京都
管理職選考 A
受験体験記

公人の友社

2

目次

プロローグ ……………………………………………………………… 7

東京都管理職選考Aは情報戦 ……………………………………… 8

3回試験に落ちた経験から言えること ………………………… 10

仕事と家事・育児と試験勉強……………………………………… 11

あなたを合格に導くのが本書の役目……………………………… 13

1 東京都管理職選考とは何か ……………………………… 15

1-1 管理職選考Aと管理職選考B ……………………………… 16

1-2 選考方法について ………………………………………… 20

1-3 スケジュール ……………………………………………… 31

1-4 受験者数と合格率 ………………………………………… 33

1-5 合格するために何をするべきか ………………………… 34

2 択一試験突破に向けたto do ……………………………… 35

2-1 択一試験対策の進め方について ………………………… 36

2-2 択一試験の過去問分析 …………………………………… 39

2-3 分析結果を踏まえ、択一試験の勉強を始める ……… 44

2-4 択一試験本番での対応 …………………………………… 48

3 論文試験突破に向けたto do ……………………………… 55

3-1 論文試験対策の進め方について ………………………… 56

3-2 過去問を分析し、出題の意図を理解する …………… 63

目次

3-3	過去の出題から、来年度の出題を予想する ……………	72
3-4	合格レベルにある論文を入手する …………	79
3-5	合格論文を分析する (論理構成と工夫) …………	80
3-6	分析結果を踏まえ論文を書く …………	104
3-7	論文を管理職に見てもらい、必要な修正を施す ………	118
3-8	作成した論文を暗記し、アウトプットする …………	124
3-9	論文試験当日における心構えと対応 …………	127
3-10	〈付録論文　ICT〉 …………	133
3-11	〈付録　採点票〉 …………	140

4　口頭試問突破に向けた to do ………… 141

4-1	口頭試問について (経験を通じて) …………	142
4-2	口頭試問の突破に必要な準備 …………	143
4-3	口頭試問本番におけるメンタルコントロール …………	161

5　勤務評定問題 ………… 165

5-1	勤務評定とは何か …………	166
5-2	評価される職員とはどのような職員か …………	175
5-3	頑張っているのに評価に結びつかない職員 …………	182
5-4	社内政治は必要か …………	188

6　管理職を志望した理由 ………… 197

6-1	人生における幸せとは何か …………	198
6-2	尊敬できる管理職との出会い …………	201
6-3	失敗しても成功するまで続ければいい …………	205

目次

6-4　試験勉強を通じて人間力を向上させる ……………… 206

最後に ……………………………………………… 209
東京都職員であることを満喫しよう……………………… 210
この本を執筆するにあたり……………………………… 213

プロローグ

東京都管理職選考Aは情報戦

　東京都管理職選考Aの1次選考合格発表日、メールボックスやＳＮＳに多くの祝福メッセージが届いた。「おめでとう！どうしちゃったの？笑」「待ってました！」「さすがです。」

　お世話になった先輩や、親しくしている同期・同僚、かわいい後輩から多くのお祝いの言葉をいただき、嬉しかったのと同時に、いつもであれば、こういうお祝いの言葉をマナーとして必ずしてくれるのであろう同期や同僚から、何のメッセージも無いことが、逆に気になったりもした。

　おそらく、これまでの都庁人生において比較的自由奔放に振る舞ってきたぼくの合格に、多少なりとも「なんであいつが？」といった思いが錯綜したケースもあるのではないかと思う。でもそれは、ある程度予想していた。だって、ぼくも、後輩の合格に同じ思いを抱き、素直に「おめでとう」と言えなかった人間の一人だから。

　悔しさをバネに、東京都管理職選考Aの合格を掴み取ったというわけだ。

　前置きが少し東京都管理職選考Aは情報戦だということを最初にお伝えしたい。つまり、どういうことかと言うと、主任試験の場合、市場には多くの受験対策本があふれている。また、局の勉強会なども充実しており、合格者も身近にいることから、比較的試験対策に係るノ

ウハウを得やすい。

　しかし、東京都管理職選考Ａは、試験内容こそ要綱で示されている
ものの、どのように勉強をして良いのか、何が論文で評価されるのか
について、情報があまりない。また、合格者数が少ないことから、身
近に合格者もおらず、試験対策について有効な情報を取得することも
難しい。さらに言うと、管理職を目指しているということを周囲に知
られることへの抵抗感から、合格者が身近にいたとしても素直にその
ノウハウを聞くことが難しい心理も働いていると思われる。

　なぜなら、「あいつが管理職を目指すの？」という周りの評判が気に
なるからだ。また、試験に失敗したときのことを考えると「やっぱり
無理だったよね。」と後ろ指をさされるのではないかと気になってしま
うからだ。

　最近では上昇志向が強い若者は、「意識高い系」などと言われて揶揄
される。ぼくには、意識が高いことがなぜいけないのか、さっぱり分
からないが、みんな周りの評判が気になってしまうのだ。

　しかし、こういった事情があるがゆえに、東京都管理職選考Ａに合
格するためのノウハウを知っていれば、多くの受験者を出し抜くこと
ができるとも言える。

　つまり、東京都管理職選考Ａは「知っているかどうか」が合否に大
きく影響するというわけだ。

　今、この本を手に取っている読者は、是非、「知っている側」になっ
てもらいたい。

プロローグ

３回試験に落ちた経験から言えること

　ぼくは何を隠そう、主任試験には２回落ち、択一試験の有効期間ギリギリで合格した。また、東京都管理職選考Ａは３回落ちており、これも受験年度制限ギリギリで合格した。

　東京都管理職選考Ａ合格者の中では、一番出来の悪い合格者だと自負している。合格すると、合格同期の間で「何年入都か」「年齢はいくつか」みたいな話が必ずされると思うのだが、そのたびに、ささやかな劣等感を感じていた。年齢的にも、都歴的にも若い合格者を見ると「優秀なんだろうな」と感心してしまう。

　でも、３回試験に落ちているからこそ、やってはいけない対策や本番で失敗しないための工夫なんかを見出すことができたとも思っている。

　成功体験よりも失敗から学ぶことの方が遥かに多いと考えられるからだ。

　だから、ぼくの失敗経験を皆さんに伝えることができれば、遠回りすることなく、合格への最短ルートを示すことができるのではないかと思い、筆を執っている次第だ。

　先ほども述べたが、東京都管理職選考Ａは、合格に必要な対策や試験当日における対応を「知っているかどうか」が合否に大きな影響を及ぼす。

　読者には、試験対策を進めるうえで、ぼくがおかした過ちを参考にし、最速で合格に辿り着いてほしい。

仕事と家事・育児と試験勉強

さて、管理職になる意志は固まっている、本書を読んで何をどう対策すれば良いのかも粗方分かった。しかし、時間が無いという現実の問題が立ちはだかっているケースは往々にしてあると思う。

なぜなら、東京都管理職選考Ａを受験する時期というのは、職場において一定の経験を積み、負担の重い仕事を任されているケースが多いからだ。また、私生活においても、結婚や出産の時期と重なり、家事や育児に忙殺され、休みの日に全く手が空かない、平日より忙しいというケースもあると思う。東京都管理職選考Ａは、勉強時間を確保することが難しいライフステージの真っただ中で受験時期が到来するのだ。

ぼくも、主任交流で他局へ異動し、計画策定業務や経理業務などの比較的多忙な業務を担い、月の残業時間は１００時間を超えることもあった。

また、家庭においては、5歳、3歳、1歳の男子3兄弟のパパとして、日々家事育児に奮闘し、休日には平日以上のエネルギーを消費していた。

では、こうした状況下において、どのように勉強時間を確保すれば良いのか。疑問に思う読者は多いと思う。

結論から言えば、「時間は作る」以外にない。時間は「在るもの」ではなく、「作るもの」という意識が、勉強を進めるうえで極めて重要だ。

プロローグ

「タイムマネジメント」と言えば、なんだか特別な手法があるように聞こえるが、なんてことはない、ひたすら隙間の時間、作り出した時間に勉強を進めるだけである。

通勤電車の中で問題集を解いたり、昼休憩の時間に論文を暗記したりした。また、休日においては、妻に美味しいものを御馳走し、欲しいものを買ってあげる等のご機嫌取りに全力を尽くし、その代わりに時間をもらえるよう頼みこんで論文を作成した。

時には、年休取得を家族に伝えず、スーツでいつも通り出勤するのを装い、近くのカフェで一日中勉強していたこともある。

仕事では、非常勤職員さんなどにお願いできる仕事はお願いし、エクセルのマクロ機能などを最大限に活用し、事務の効率化を行った。

仕事を早く切り上げた日も、真っ直ぐ家には帰らない。最寄り駅のカフェで残業を装って勉強した。

「そんなの良心の呵責に耐えられない」という真面目な方はこう考えて欲しい。合格して、それなりの地位に就いて、仕事にも意欲的になれば、将来金銭的なリターンが見込めるだろう。将来、そうして得たお金を、家庭に還元できるのだと考えれば、良心の呵責も低減するはずだ。

もう一度言う。東京都管理職選考Ａの勉強で重要なことは、「時間があるかどうか」ではなく**「時間を作る意欲があるかどうか」**だ。

なんだか自己啓発本のようなことを言ってしまったが、伝えたいのは、どんなに仕事や家庭が忙しくても、勉強時間を確保し、合格することは可能だということだ。

あなたを合格に導くのが本書の役目

　本書を手に取っている読者は、多少なりとも管理職という仕事に興味を持っていることと思う。管理職を志望する動機は、人それぞれだと思うが、公務員であるぼく達に共通している思いがたった一つあると思う。

　それは、「世の中を少しでも良くしたい。」

　公務員を志した時、入都を決めた時、この想いが全く無かったという人は稀だろう。日々の業務に忙殺され、また、周りの人間関係に疲れ果てていたとしても、この想いが最後の砦にあり、仕事を続けている人は多いのではないか。ぼくも、この想いが無ければ、公務員などとっくに辞めている。

　これを執筆している時点で、ぼくは一端の主任であり、管理職の仕事がどういった仕事なのかは、日ごろの管理職の様子や聞いた話でしか分からない。管理職の仕事を見ていると、組織マネジメントや政治マターへの対応など、大変な仕事も多いように感じる。

　だけど、「世の中を少しでも良くするために、何をすべきか。」について、声を上げ、形にしていける立場にあるとも感じている。

　管理職になってみないと見えない景色があるはずで、そこに、新たなやりがいや仕事の意義を見出せる可能性は十分にある。

13

プロローグ

　もし、今少しでも管理職という仕事に興味を持っているのであれば、積極的に東京都管理職選考Ａに挑んで欲しい。もし、合格して、管理職になって仕事に取り組む中で、自分の思い描いていたもの、やりたかったことと違ったら、降任することだってできる。

　読者が、東京都管理職選考Ａを受験するうえで、ぼくの多くの失敗経験が、試験勉強を有利に進めることに役立てば幸いだ。

　東京都管理職選考Ａに合格して、未だ見ぬ東京の未来を、世の中に一つでも多くの笑顔を、ともに作っていこうじゃないか。

1

東京都管理職選考
とは何か

1-1 管理職選考 A と管理職選考 B

本項では、まず、東京都管理職選考とは何かについて確認をしていく。「制度は要綱などで知っているよ」という方は、本項を読む時間がもったいないので 2 の「択一試験突破に向けた to do」まで読み飛ばして欲しい。

平成 31 年度管理職選考実施要綱の「1 要綱の趣旨」には次の記載がある。

> **1 要綱の趣旨**
>
> この要綱は、知事、公営企業管理者、議会議長、代表監査委員、教育委員会、選挙管理委員会、海区漁業調整委員会又は人事委員会に任命権がある職員の**課長級職の一次選考**について規定しています。

これを初めて見た時、衝撃を受けたのは、ぼくだけだろうか。東京都管理職選考 A は、**択一、論文、口頭試問、勤務評定、適性評定の成績によって合否が決定**されることはよく知られている。しかし、実はこの合否は「課長級職の一次選考」の合否に過ぎないのだ。

そして、要綱の「3 選考合格者の取扱い」には次の記載がある。

> **3 選考合格者の取扱い**
>
> この要綱による選考合格をもって管理職選考一次選考合格とします。

> 任命権者が別に定める年度に実施する管理職選考委員会における
> 判定結果をもとに、最終選考の合格者が決定されます。

つまり、ペーパーテストや面接を経て勝ち取った合格（一次選考の合格）後も、管理職になるための試験（能力の実証）は続くのである。

こんな話をすると、なんだか気が遠くなる受験者もいるかもしれないが、都政を担う幹部職員になるためには、その能力・適性について厳しい審査が行われているということだ。主任試験のように、「試験に合格すれば翌年度に昇任する」という仕組みではないことだけ、理解をしておこう。

ただし、この「課長級職の一次選考」が管理職になるための実質的な登竜門であることは間違いない。一次選考の合格者のほとんどが、課長代理級の実務経験を経て、課長級に任用されている。

次に、要綱の「4 選考種別及び区分」を確認してみよう。

4 選考種別及び区分

（1）種別A

  事務系（1区分）：事務

  技術系（5区分）：土木、建築、機械、電気、生物・医化学

（2）種別B

  事務系（1区分）：事務

  技術系（5区分）：土木、建築、機械、電気、生物・医化学

1　東京都管理職選考とは何か

選考種別は、種別Ａと種別Ｂがあることが分かる。種別Ａは、主任２年目から受験可能だ。種別Ｂは課長代理に昇任した後、一定の経験年数を経て受験が可能になる。

種別Ａは、一次選考合格後、民間企業や他自治体、国など様々な職場を経験させられる。

思うに、ジェネラリストとして都政全体を俯瞰できる広い視野と管理職としての素養を早期に涵養していくためだろう。

本書では、主に種別Ａに特化して、ぼくが経験したこと感じたことなどに基づき、一次選考突破のためのノウハウを述べていく。

なお、種別Ａと種別Ｂの受験資格の違いについては、次のとおりまとめた。全文ではなく抜粋なので、詳細な受験資格については公表されている要綱を各自で確認して欲しい。

≪平成31年度管理職選考実施要綱　※一部抜粋≫

選　考　種　別　Ａ			選　考　種　別　Ｂ	
日本国籍を有する…職員で、次のいずれかに該当し、平成32年3月末日現在、年齢が53歳未満（昭和42年4月2日以降生まれ）の人			日本国籍を有する…職員で、平成32年3月末日現在、3級職以上の職にあり、その通算在職期間が3年以上、年齢が56歳未満の人（昭和39年4月2日以降生まれ）	ア
ア	主任級選考（短期）、主任級職選考Ａ又は経験者〈主任〉採用試験の合格者で、平成32年3月末日現在、2級職にあり、その在職期間が2年以上6年未満の人。			
イ	キャリア活用採用選考の合格者で、平成32年3月末日現在、2級職にあり、その在職期間が2年以上4年未満の人。		日本国籍を有する技能系の各職種の職員で、平成32年3月末日現在、4級職（統括技能長）の職にあり、その在職期間が4年以上、年齢が56歳未満の人（昭和39年4月2日以降生まれ）	イ

また、平成31年度（令和元年度）より、種別Ａ・種別Ｂの両方で、育児休業中などの方も論文や口頭試問の受験が可能になった。

この背景には、女性活躍の推進及び働き方改革における生活と仕事

の両立支援の観点があると思われる。

　受験機会が拡大されているので、自己のキャリアプランニングを再検討し、積極的な受験を心掛けて欲しい。

　次項では、管理職選考を受験する上で最も重要であり、正確に理解しておく必要がある「選考方法」について確認していく。

1-2 選考方法について

東京都の平成31年度管理職選考実施要綱の「5 受験資格及び選考方法等」によると、選考種別Aは次の選考方法により選考されると記載されている。

> 選考は、次の**筆記考査、勤務評定、口頭試問及び適性評定**により行います。

（1）筆記考査について

以下、順番に確認していこう。まず、筆記考査についてだ。筆記考査は、大きく**択一、記述、論文**がある。このうち、記述は技術系のみに求められる。ぼくは事務職なので記述については守備範囲外であった。だから、その対策について詳しく述べることはできない。事務系の択一、論文について述べていく。

まず、択一試験だが、事務系は**1時間40分の制限時間において40題の必須解答**となっている。**出題分野は、都政事情、政治経済等事情、経済・財政に関する知識、行政管理、経営に関する知識、会計に関する知識**だ。それぞれの出題分野についてどう対策するかは、2の「択一試験突破に向けたto do」に譲るが、一見すると幅広い分野からの出題で対策が難しいようにも感じる。

しかし、実際はきちんと対策すれば誰でも合格点に到達できる試験

だと断言しておく。

また、時間についても、100分で40題を解くわけだから、単純計算で1題に2分30秒かけられる。解答するために必要な時間が十分に確保されていると言って良い。つまり、スピード勝負の試験ではないということだ。

択一試験は足切りに使われるのみであり、最終合格には択一試験の成績は影響しない。そして、択一試験の合格には、平均点を上回れば良いことを押さえておこう。

次に論文試験についてだが、**2時間50分の制限時間**内で解答する。**出題は2題され、その内1題を選択解答する**方式だ。内容としては、要綱上次のように記載されている。

資料から①問題点の抽出及び課題の整理（400字程度）、②課題の分析及び解決策の論述（1,300字以上1,800字程度）を求める出題とし、**問題意識、政策形成力、論理性、表現力等について評定します。**

こちらも、論文試験にどう取り組むのかの詳細は、「3　論文試験突破に向けた to do」に譲るが、ここで押さえなければいけないのは、上記の太字の部分、つまり「**問題意識、政策形成力、論理性、表現力等について評定します。**」の部分だ。

論文試験は、択一試験と違って答えが一つでない。そのため、何が合格に値する良い論文で、何が良くない論文なのかが正直言ってよく分からないというのが受験者の本音だろう。ぼく自身も、かつて「論文なんて読む人によって良い・悪いの評価がばらつくから、合否の決

定は運の要素が強いのではないか」と考えていた。

しかし、今となっては、それは大きな誤解だったと感じている。良い論文というのは、ある程度、誰が読んでも良い論文なのだ。

これは、ぼくが合格後に務めた、局の管理職選考勉強会のインストラクターとしての経験上そう言える。複数人で論文を添削していたが、相対的に高評価な論文は誰が読んでも高評価であった。

「何が良い論文なのか」についての具体的な内容は、もったいぶって申し訳ないのだが「3　論文試験突破に向けた to do」に詳述した。ここでは、良い論文と評価される基準となる、評定項目について順番に確認したい。

先ず、「**問題意識**」の項目だが、これは論文中の**課題の抽出と課題の背景分析を執筆した部分の評価**だと考えられる。

要綱によると、①で問題点を抽出して課題を整理し、②で課題の分析を行うとあるが、まさにこの点の執筆部分が「問題意識」の評定に直結しているものと思われる。この点はしっかりと認識しておく必要がある。「問題意識」は、「**資料から出題の意図に即した課題を抽出しているか**」、「**課題が生じている背景・理由を正確にとらえ明確に述べているか**」、また、「**背景・理由についてエビデンスがあるか**」、といった部分が評価の対象となっているものと考えられる。つまり、課題の背景・課題が生じている理由を論理的に記載していたとしても、論述が明確でなければ、換言すれば、**論点が明示できていなければ良い論文とはならない**と思う。また、背景・理由がひとりよがりで、客観的な事実やデータの裏付けがなければ、当然のことながら説得力のある論文とはならないだろう。

続いて、「**政策形成力**」の項目だが、これは論文中の具体的な施策を

述べる部分の評価だと考えてよい。要綱によると、②で解決策の論述を行うとあるが、この部分が「政策形成力」の評定に直結していると考えられる。この点も押さえておこう。この政策形成力には、**オリジナリティのある工夫した施策が述べられているか**、それでいて、**現実的で実効性のある施策かどうか**、**全庁的な視野に立ち多角的な視点で施策を立案しているか**、**予想される反論に的確な再反論が加えられるなど説得力のある施策かどうか**、などが評価される要素として含まれているものと考えられる。

そして、「論理性」の項目についてだが、これは比較的分かり易い評定項目だろう。**問題点の抽出、課題の整理、課題の背景分析、解決策の一連の流れが論理的に整合している**ことが求められる。例えば、整理した課題と無関係な背景要因を述べていたら、論理としておかしいし、課題の背景要因を打破する施策になっていなければ、これもまた論理としておかしい。論理展開がおかしい論文は、採点者の視点では比較的容易く気が付く。

ぼくも局の勉強会で、何人かの受験者の論文を採点してきたが、論理展開がおかしい論文は例外なく低評価だ。厳しい言い方だが、競争のスタートラインに立っていないと言える。管理職選考を突破する上で、論理が正しい文章を書くというのは最低限クリアしなければならない「マナー」だと考えよう。

最後に、**「表現力等」**の項目だが、この項目だけは具体的に「ここの論述」というものがないように感じる。つまり、「論文の全体的な印象」だと理解するのが良いと思う。「表現力」というと、語彙力などを想定する人が多いと思うが、「等」が付いている以上、単純に語彙力だけを評価しているわけではないと思う。例えば「読みやすさ」などの漠然

1 東京都管理職選考とは何か

とした部分も大きく評定に影響していると考えられる。「読みやすさ」については、一文の長さ・作りや論証構造などが影響してくる。読みやすい論文の正体は、ぼくの受験経験や、インストラクターとして複数の論文を採点してきた経験から、ぼくなりの一定の「解」を得たので、「3　論文試験突破に向けた to do」に詳述した。是非、参考にしてみて欲しい。

　なお、次ページに、ぼくがおすすめする論証構造とその論証構造に対応していると思われる評定項目の関係性について、図解した。

　参考にして欲しい。

≪論証構造と評定項目の対応関係≫

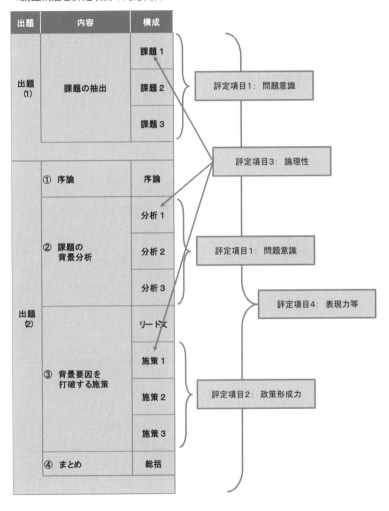

（2）勤務評定について

選考は、要綱上**勤務評定**にもよると明記されている。

> **勤務評定**
>
> 　筆記考査の受験者を対象に、業績評価に基づいて、任命権者が評定します。

　勤務評定というのは非常にデリケートな話題だし、対策するのも難しい分野だと思う。というのは、そもそも仕事を頑張っていない人などいないと思うからだ。みんな、「自分は仕事を頑張っている」と思っているし、「よくやっている」と自己評価している。

　例えば、異動の時期になると往々にして次のような話題が出てくる。異動が決まると「抜擢された」と言い、異動できないと「囲い込みにあった」と言うのだ。実際はどう評価されているか分からないが、みんな自分は組織から必要とされていると思いたいのだ。ぼくだってそうだ。

　また、周りの職員に対しても、「栄転」だの「飛ばされた」などと言って、自分の都合の良いように他人を評価している。

　みんな、自分や他人の評価が気になって仕方がないのだ。

　よく聞く話では、自分の仕事に対する自己評価は、客観的な評価よりも高いという。もしこれが事実だとすれば、恐ろしいことだ。上司の自分に対する評価よりも自分の評価の方が高いのだから、ほとんどの人が上司の評価結果に落ち込む可能性があるからだ。

　評価結果に納得できなければ、仕事へのモチベーションを下げる可能性もある。

しかも、公務員は民間企業のように営業成績などの客観的な数字で仕事の評価ができない。職員はそれぞれ異なる業務に従事し、それぞれの担当業務の中で自分なりに精一杯仕事に取り組む。異なる業務に従事しているのに、どうやって職員同士を比較し、優劣をつけられるのか。ますます評価はブラックボックスだとも思えてしまう。

　誰だって精一杯仕事を頑張ったのに、良くない評価だったらがっかりしてしまうだろう。

　とはいえ、管理職選考の評価要素に勤務評定がある以上、これを避けては通れない。

　管理職選考における勤務評定の具体的な用い方については公表されていないし、そもそも勤務評定を上げるために仕事に取り組むこと自体が本質的ではないが、本書では「5　勤務評定問題」の章で、普段ぼくが職務に取り組む上で意識していること、行動していることなどを述べるので、参考にして欲しい。

（3）口頭試問について

　次に、口頭試問についてだが、論文試験と勤務評定が一定の成績以上だと口頭試問に進むことができる。

　要綱には次のように記載されている。（抜粋）

口頭試問
　択一…の成績が一定の基準に達した人のうち、論文及び勤務評定の成績を総合して、一定基準以上の人（**合格予定者数の１．５倍程度。**…）を対象に**個別面接方式（２回実施）**により、**表現力、判断力、積極性等について評定**します。

口頭試問は個別面接方式で2回実施され、**表現力、判断力、積極性等**について評定するとある。合格予定者数の1.5倍程度が口頭試問に進めるということは、逆に言えば、口頭試問で1／3が落とされるということだ。

口頭試問に進んだ後、いかに生き残るか、ぼくなりの方法論を「4 口頭試問突破に向けた to do」に示したので参考にして欲しい。きっとみんなの力になるはずだ。

(4) 適性評定について

最後に、適性評定についてだが、要綱には次の記載がある。

> **適性評定**
>
> 口頭試問受験者を対象に管理職としての適性について、任命権者が評定します。

適性評定の内容については、はっきり言ってよく分からない。

普段の勤務態度や職務を行う中で発現した能力・パーソナリティを、管理職に求められる能力・資質と照合して、上司が評価するものと思われる。

ただし、管理職に求められる能力や素養というのは、本やネットで調べればある程度把握できるだろう。例えば、**組織をマネジメントする能力やリーダーシップ、コミュニケーション能力**などだ。

問題が生じた時に積極的にコミュニケーションをとって調整を行えば、そういう部分が評価され、適性があると評定されるだろう。そう

いう意味では勤務評定とある程度一体のものだと考えてよいと思う。

　普段から、能動的に仕事に取り組んでいれば自然と適性評定もついてくるのではないだろうか。

　以上、選考方法について確認してきた。各評定項目のウェイトは明らかにされていないが、いずれの評定項目も高評価でないと合格は厳しいと思う。

　こう書くと、「やっぱり難しいのね」と思うかもしれないが、各評定項目を高評価にするための、ぼくなりの方法論について、次章から述べていくので安心して欲しい。

　その方法自体は、それほど難しくないはずだ。

1 東京都管理職選考とは何か

≪各評定項目と合格までの流れのイメージ≫

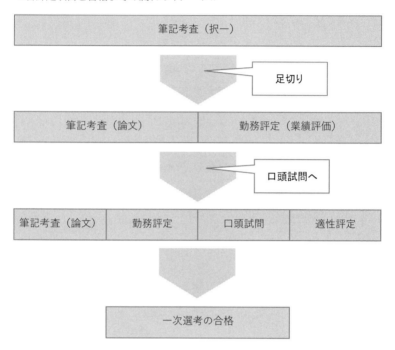

1-3 スケジュール

　本項では、東京都管理職選考Aのスケジュールについて確認してい
く。平成31年度管理職選考実施要綱によると、主なスケジュールは次
のとおりだ。

要綱提示日	…	2月7日
申込締切日	…	3月1日
筆記考査実施日	…	5月26日
口頭試問1回目	…	8月5日、6日
口頭試問2回目	…	8月8日、9日
合格発表日	…	8月30日

　このスケジュールを前提に、ぼくが対策を始めた時期を正直に言う
と、択一試験については1年前の5月くらいから、論文試験は大体試
験の年の1月くらいから始めた。

　周りのみんなには、忙しくて全然対策できていなかったと吹聴して
いたが、択一についてはかなり時間に余裕を持って対策を始めている
ことが分かると思う。その結果、択一試験は、合格点を大きく上回っ

31

1 東京都管理職選考とは何か

て合格した。一方で、論文試験対策は少し遅かったような気がする。結局、合格するまで3年かかった。

　ただ、出題を予想するためには、最新の計画もの（実行プランなど）を参照する必要があったため、年明けくらいまで本腰を入れられなかったというのも実際としてはある。口頭試問については、論文試験終了後の6月から対策をし始めた。8月の口頭試問まで2か月間あるが、対策する時間としては十分だと思う。

≪筆者の対策のスケジュール≫

前年度	4月	
	5月	○　択一試験対策開始
	6月	
	7月	
	8月	
	9月	
	10月	
	11月	
	12月	
	1月	○　論文試験対策開始
	2月	
	3月	
	4月	
当年度	5月	○　**筆記考査**
	6月	○　口頭試問対策開始
	7月	
	8月	○　**口頭試問** ○　**合格発表**

32

1-4 受験者数と合格率

　管理職選考Ａの受験者数と合格率について、過去２年分を次のとおりまとめた。参考にして欲しい。

≪管理職選考Ａの合格率等≫

	Ｈ２９	Ｈ３０
合格予定者数	37人	37人
申込者数	560人	557人
受験者数	530人	521人
口頭試問受験者数	55人	55人
合格者数	38人	38人
合格率	7.2%	7.3%

　これを見ると、合格するためには、**口頭試問に進めるかどうかがボトルネックになっている**ことが分かるだろう。ここで受験者数が１／10程度までしぼられている。巷では、管理職選考Ａの合格には、勤務評定と論文が大きく関わっていると言われているが、そう言われる所以がここにある。先ずは、口頭試問に進むことに注力すべきだ。

33

1-5 合格するために何をすべきか

　本項では、合格するための心構えと具体的行動について簡単に述べたい。

　管理職選考の合格に必要な要素は、大きく、①仕事の頑張り（勤務評定・適性評定）、②択一試験対策、③論文試験対策、④口頭試問対策の4つがある。先ほども少し触れたが、勤務評定と適性評定はほとんど一体のものと考えて良いと思う。

　では、それぞれの要素について、どう対策をしていけば良いのか。

　次章から、ぼくなりの方法論を可能な限り具体的に述べた。

　この方法論は、ぼくの多くの失敗経験を前提にしている。

　だから、必ずみんなの役に立てるはずだ。

　受験者のみんなは、ぼくの方法論を信じて是非実践してみて欲しい。

2

択一試験突破に
向けた to do

2-1 択一試験対策の進め方について

　全ての試験対策は、過去問の分析から始まる。これが最速でゴール（合格）するための作法だ。そこで、過去6年の択一試験の出題状況を次項にまとめた。

　ただし、択一試験対策だけは先に結論を言う。**2－3で紹介している参考書などを用いて、とにかく反復して学習すれば、誰でも合格レベルに到達できると思う。**択一試験の合格点は、概ね例年20点前後のようだが、2－3に示す学習方法を本気で採用すれば、おそらく30点前後の点数が狙えるだろう。ぼくも、30点ぐらいの点数を獲得し、危うく、その年の最高点をたたき出すところだった。

　択一試験の合格点の目安は、厳密にいえば「各選考区分における標準点（つまり偏差値）50点を満たすかどうか」だ。

　要は、平均点をクリアできれば良いわけだ。

≪平均点の推移≫

H30	H29	H28	H27	H26	H25
15.3	17.2	20.1	21.1	16	18.3

　択一試験の点数は足切りで使われるのみなので、高得点でなくても最終的な合否には影響してこない。こうしたことから、ほとんどの局の勉強会においては、先輩合格者から、「いかに省エネで合格するか」

が重要だと教えられる。ゴリゴリ勉強をして高得点を出すのは合理的
ではないのだと。

　しかし、言いたい。「管理職選考に確実に合格する」という強い意志
があるのであれば、たとえ**択一試験であっても全力で倒す**べきだ。あ
なたのキャリアが、人生がかかっているのだ。かっこつける必要はな
いし、遠慮もいらない。圧倒的な努力をして合格した後に、澄ました
顔で「あまり勉強しなかったけど、合格できました。」と言えば良いのだ。

　さらに言えば、効率を優先するのであれば、むしろ、「対策するのは
一年だけ」という意味で、全力で対策し、合格した方が効率的だと言える。
合格者は、合格した後だから、「もう少し択一試験の手を抜いても合格
できたかな」と考えることができるかもしれないが、それは結果論だ。

　あえて言いたい。択一試験は、満点取るつもりで対策すること。択一
試験は論文試験と違って正答は一つなのだから、努力が実を結びやすい。

　そういう意味では、択一試験対策における一番の難所は、「いかにモ
チベーションを維持するか」だ。試験の直前期は楽しそうな飲み会や
レジャーなどをグッと我慢して、その時間を択一試験対策に充てる。
これがなかなか難しい。絶対に合格するのだという強い意志が必要だ。
東京都管理職選考Ａにおける択一試験対策は、一度合格すれば、翌年
度から３年間その効力が継続する。つまり、択一試験が免除されるのだ。

　≪択一試験免除の例≫

R元年度	2年度	3年度	4年度
択一試験 合格	免除	免除	免除

したがって、１年だけ択一試験対策に本気で取り組み、合格すれば、

2　択一試験突破に向けた to do

貴重な時間を以降、択一試験対策に取られなくて済む。択一試験をダラダラと2年、3年かけて対策することこそ、短い人生を充実して生きることを阻害していると思う。**必ず一発で合格**して欲しい。

　ぼくも択一試験だけは、主任試験も管理職選考も一発で合格した。そのためには、しつこいようだが、1年だけ全力で択一試験対策に取り組む必要がある。

　本書を閉じたらすぐにはじめよう。先ずは、取り組みやすい分野から始めると良いと思う。経営学やマクロ経済学・ミクロ経済学は、学問的にも面白い。重い腰を上げ、さっさと始めることで、案外興味を持って取り組めるようになると思う。

　ミクロ経済学・マクロ経済学なんかは、経済の動きを理論で説明する分野であるから、暗記が中心の主任試験の問題よりも面白いし、取り組みやすいはずだ。本書を閉じたらまずは3問だけ解いてみよう。意外と勉強が進み始めると思う。

　以上で、択一試験対策において言いたいことは終了だが、ここで話を終えてしまうと、択一試験対策の章だけものすごく薄くなってしまう。大人の事情ではあるが、過去問分析から順番にしていきたい。時間に余裕のある受験者だけお付き合いいただきたい。

　時間に余裕の無い受験者は、すぐに参考書を買って学習を始めよう。

≪H 29、H 30 の択一試験受験状況≫

	受験者数	配点	最高点	平均点
H30	349	40	28	15.3
H29	354	40	30	17.2

2-2 択一試験の過去問分析

　先ずは、過去にどういった問題がどれくらいの割合で出題されているのかを見ていこう。次の表を見て欲しい。年度ごとに1問前後のバラつきはあるが、概ね、次のような構成で出題されていることが分かる。

　出題順に行政管理が8問、経営に関する知識が8問、政治経済等事情が8問、都政事情が6問、経済・財政に関する知識が8問、会計に関する知識が2問の計40問で構成されている。

≪基本的な出題構成≫　※年度によって若干のバラつき有り。

分　野	出題数	構成率
（1）行政管理	8	20%
（2）経営に関する知識	8	20%
（3）政治経済等事情	8	20%
（4）都政事情	6	15%
（5）経済・財政に関する知識	7・1	20%
（6）会計に関する知識	2	5%
合　計	40	100%

　そして、実際の問題を見ると、（2）経営に関する知識、（5）経済・財政に関する知識、（6）会計に関する知識は、例年同じような問題が出題されていることに気付く。つまり、この3分野は、他の分野に比

2　択一試験突破に向けた to do

べ対策のしやすい分野だということが分かる。

　一方で、政治経済等事情や都政事情などのいわゆる「事情もの」は、最新のトピックスを押さえていないと正答できない。そういう意味で、やや対策がしにくい。

　先ずは対策のしやすい分野 (経営に関する知識等) から勉強を始めるのが正しい。

　ただし、都政事情に関しては、広範な都政の動きの中から、実は限られたトピックスが出題されていることが分かる。例えば「予算」や、実行プランなどの「計画もの」、世論調査やインターネット都政モニターアンケート等の「調査もの」だ。これらは、出題しやすいし、過去にもくり返し出題されている。だから、絶対に押さえておく必要がある。

　なお、次のページから過去 6 年の択一試験の出題履歴を載せておいた。参考にして欲しい。

≪過去の出題テーマ≫　H 30、H 29

番号	問題	項目
	H30	
1	政策評価法	
2	都道府県の市町村に対する関与	
3	地方独立行政法人法	
4	官民競争入札	行政管理 7問
5	地方公共団体の財政健全化法	
6	指定管理者制度	
7	官僚制	
8	日本の企業形態	
9	リーダーシップ	
10	テイラーの科学的管理法	
11	経営学の7S	経営 8問
12	製品ライフサイクル	
13	多国籍企業	
14	経営学説における人間モデル	
15	正味現在価値	
16	通商白書	
17	厚生労働白書	
18	刑法の一部を改正する法律	
19	自殺総合対策大綱	政治経済 等事情 9問
20	日本の経済情勢	
21	TPP協定	
22	国連気候変動枠組条約COP23	
23	NHK受信契約事件判決	
24	米国大統領一般教書演説	
25	都の重点政策方針2017	
26	障害者雇用・就労推進　連携プログラム2017	
27	公文書情報提供サービス	都政事情 6問
28	東京都子どもを受動喫煙から守る条例	
29	「国際金融都市・東京」構想	
30	都民生活に関する世論調査	
31	シュタッケルベルク均衡	
32	ナッシュ均衡	
33	ジョルゲンソンの投資理論	経済 ・ 財政 8問
34	総需要曲線と総供給曲線	
35	新古典派成長モデル	
36	日本の予算制度	
37	地方債	
38	均衡国民所得	
39	企業会計における減価償却	会計 2問
40	キャッシュ・フロー計算書	

番号	問題	項目
	H29	
1	個人情報保護制度	
2	PFI	
3	外部監査制度	
4	国と地方公共団体との間の紛争処理	行政管理 8問
5	公益通報者保護法	
6	PPBS	
7	インクリメンタリズム	
8	行政管理に関する理論	
9	経営におけるベンチャー	
10	人的資源管理	
11	ハーズバーグの2要因理論	
12	経営組織におけるSBU	経営 8問
13	経営の多角化	
14	経営における提携	
15	マーケティング	
16	損益分岐点における販売単価	
17	消費者白書	
18	労働経済白書	
19	刑事訴訟法等の一部を改正する法律	
20	「未来への投資を実現する経済対策」閣議決定	政治経済 等事情 8問
21	リオ・オリンピック・パラリンピック	
22	日銀の金融政策決定会合	
23	韓国及び北朝鮮をめぐる状況	
24	税制改正の大綱	
25	東京都地域医療構想	
26	待機児童解消に向けた緊急対策	
27	国別外国人旅行者行動特性調査結果	都政事情 6問
28	東京都税制調査会答申	
29	国勢調査　人口等基本集計結果概要	
30	実行プラン	
31	効用関数	
32	パレート最適	
33	産業連関表	経済 ・ 財政 8問
34	ハイパワード・マネー	
35	流動性選好と流動性のわな	
36	国庫支出金	
37	国民負担率	
38	ピグー税	
39	企業会計原則の一般原則	会計 2問
40	原価比例法による利益額算出	

41

2　択一試験突破に向けた to do

≪過去の出題テーマ≫　H 28、H 27

H28		
番号	問題	項目
1	改正行政不服審査法	
2	改正行政手続法	
3	情報セキュリティ対策	
4	国家戦略特区	行政管理
5	マックス・ウェーバーによる官僚制	8問
6	オンブズマン制度	
7	行政責任	
8	住民投票	
9	コーポレートガバナンス	
10	人的資源管理	
11	ナレッジマネジメント	
12	リーダーシップ	経営
13	組織形態	8問
14	アンゾフの経営戦略論	
15	企業買収	
16	マーケティング	
17	子供・若者白書	
18	経済財政白書	
19	米国をめぐる状況	政治経済
20	マイナンバー法に関する記述	等事情
21	ノーベル賞	7問
22	TPP協定交渉	
23	G20	
24	平成28年度当初予算	
25	インターネット都政モニターアンケート東京の農業	
26	東京都人権施策推進指針	
27	防災ブック「東京防災」	都政事情
28	男女平等参画に関する世論調査	7問
29	首都高速中央環状線の利用状況	
30	東京都オリンピック・パラリンピック教育実施方針	
31	消費行動の理論における財	
32	完全競争市場における総費用関数	
33	変動為替相場制の経済	経済
34	期待インフレ率を考慮した短期フィリップス曲線	・
35	トービンのq理論	財政
36	最適課税	8問
37	閉鎖経済におけるマクロ経済モデル	
38	地方財政計画	
39	IFRS	会計
40	財務諸表の分析	2問

H27		
番号	問題	項目
1	政策評価法	
2	NPM	
3	公共サービス改革法	
4	特定非営利活動促進法	行政管理
5	行政手続法に定める意見公募手続	8問
6	個人情報保護制度	
7	政策決定	
8	地方公共団体に対する国の関与	
9	企業の集中	
10	人間関係論	
11	マグレガーのX理論・Y理論	
12	リッカート	経営
13	コンティンジェンシー理論	8問
14	チャンドラー	
15	コトラーの競争戦略	
16	イノベーション	
17	観光白書	
18	防災白書	
19	スコットランドの独立の是非を問う住民投票	政治経済
20	APEC首脳会議又は首脳会談	等事情
21	投票価値の不均衡　最高裁判決	8問
22	COP20	
23	特定秘密保護法	
24	税制改正の大綱	
25	インターネット都政モニターアンケート健康食品	
26	東京都長期ビジョン	
27	小笠原諸島振興開発計画	都政事情
28	東京の防災プラン	6問
29	平成27年度当初予算	
30	安全安心TOKYO戦略	
31	完全競争市場における総費用関数	
32	クールノー均衡	
33	公共財消費の限界評価及び公共財生産の限界費用	経済
34	需要曲線と供給曲線	・
35	閉鎖経済におけるマクロ経済モデル	財政
36	消費理論	8問
37	新古典派成長理論	
38	地方交付税制度	
39	棚卸資産の評価方法	会計
40	経過勘定	2問

≪過去の出題テーマ≫　H 26、H 25

番号	H26 問題	項目
1	総合特区	
2	PFI法	
3	指定管理者制度	
4	都の地方独立行政法人	行政管理
5	住民投票	8問
6	国と地方の協議の場に関する法律	
7	地方公共団体の財政の健全化に関する法律	
8	行政コスト計算書	
9	我が国の企業形態	
10	サイモンの意思決定論	
11	マズローの欲求階層説	
12	ブルー・オーシャン戦略	経営
13	PM理論又はマネジリアル・グリッド	8問
14	BCGによるPPM	
15	ポーターの競争戦略	
16	マーケティング	
17	通商白書	
18	労働経済白書	
19	地方自治法	政治経済
20	社会保障制度改革国民会議の最終報告書	等事情
21	APEC首脳会議	7問
22	イランの核問題を巡る協議	
23	国家安全保障戦略	
24	平成26年度当初予算	
25	保育サービス利用状況等	
26	こころの病気に関する世論調査	都政事情
27	都民生活に関する世論調査	7問
28	首都直下地震の被害想定と対策について（最終報告）	
29	平成26年度都区財政調査	
30	東京都自転車安全利用推進計画	
31	効用最大化	
32	公共財	
33	独占企業の需要曲線、限界収入曲線、平均費用曲線	経済
34	閉鎖経済におけるマクロ経済モデル	・
35	インフレ総供給曲線とインフレ総需要曲線	財政
36	地方財政の財源	8問
37	投資理論	
38	財市場のみからなるマクロ経済モデル	
39	企業会計原則の一般原則	会計
40	貸借対照表の指標の比率	2問

番号	H25 問題	項目
1	外部監査制度	
2	公共サービス改革法に定める官民競争入札	
3	公益法人制度改革	
4	行政機関情報公開法と都情報公開条例	行政管理
5	オンブズマン制度	8問
6	国と地方公共団体との間の紛争処理	
7	行政手続	
8	情報セキュリティ対策	
9	バーナードの組織論	
10	組織形態の長所と短所	
11	アンゾフの経営戦略論	
12	経営学における7S	経営
13	ドラッカーの経営論	8問
14	経営における分析の手法	
15	マーケティング	
16	組織文化	
17	子ども・若者白書	
18	経済財政白書	
19	公務員の政治的行為の禁止に係る最高裁判決	政治経済
20	G20	等事情
21	米国の大統領選挙又は連邦議会議員選挙	8問
22	COP18	
23	日銀の金融政策決定会合	
24	税制改正大綱	
25	平成23年度東京都年次財務報告書	
26	都民のスポーツ活動に関する世論調査	
27	東京都帰宅困難者対策実施計画	都政事情
28	都の平成25年度当初予算	6問
29	「2020年の東京」へのアクションプログラム2013	
30	東京の緑・景観・屋外広告物に関する世論調査	
31	GDPとNI	
32	IMF方式の国際収支の体系	
33	マンデルのポリシー・ミックス	経済
34	効用関数	・
35	パレート最適	財政
36	財政投融資	8問
37	経常収支比率	
38	地方債	
39	取引に関する仕訳	会計
40	株式会社の純資産	2問

43

2–3　分析結果をふまえ、択一試験の勉強を始める

　前項の過去問分析を踏まえ、実際に択一試験対策をしていこう。どの分野を、どのように対策するかが重要だ。次の表は、ぼくが実際に対策した時に用いた参考書と回した回数だ。参考にして欲しい。

分　野	ぼくが用いた参考書と実施回数
（1）行政管理	「新スーパー過去問ゼミ　行政学」×３回
（2）経営に関する知識	「新スーパー過去問ゼミ　経営学」×４回
（3）政治経済等事情	「公務員試験 速攻の時事」×３回
（4）都政事情	「都政新報に掲載される問題」×２回
（5）経済・財政に関する知識	「新スーパー過去問ゼミ　マクロ経済学」×３回
	「新スーパー過去問ゼミ　ミクロ経済学」×３回
	「新スーパー過去問ゼミ　財政学」×２回
（6）会計に関する知識	「新スーパー過去問ゼミ　会計学」×１回

※ あくまで参考です。

　なぜ、各分野を上表のとおり対策したかを、順番に説明したい。

　まず、一番初めに取り組んだのが「（2）経営に関する知識」だ。出題数が８問と多いうえに、毎年問われている内容は大して変わらない

こと、また、知識問題が中心であることから取り組みやすい。

この分野は絶対に得点源にする必要がある。だからぼくは、問題集を４回程度回した。ただし、理論や学説などの暗記が中心の分野であるため、忘れやすい。一度やったら試験の直前に必ずおさらいをする必要がある。

次に取り組んだのは、「（５）経済・財政に関する知識」だ。経済に関する知識はマクロ経済学とミクロ経済学に分かれる。さらに、財政に関する知識として、財政学からも出題される。それぞれ参考書を用いて取り組んだ。こちらも全部で８問出題と多いが、マクロ経済学とミクロ経済学で概ね７問出題され、財政学からは１問程度出題される。したがって、ミクロ経済学・マクロ経済学に最初に取り組む。いずれも、理論と計算が重要であるため、問題を解くにあたってはグラフや計算式を書かなければならない。

そこで、みんなにおすすめしたいのが、次の勉強法だ。それは、**計算式やグラフを可能な限り参考書の余白に記載し、情報を参考書に一元化する**ことだ。こうすることで、二回目以降に問題を解く際、効率的に学習することができる。試験直前になっても、とにかく参考書だけ見れば全てを復習できる。試験勉強に慣れている人なら良くわかるはずだ。余白じゃ足りない場合はノートに計算過程を記載するが、それをハサミで切り取って、参考書にセロテープで張り付けた。そうすることで、意地でも情報を参考書だけに一元化し、参考書を見れば解答を導出するために必要な全ての知識と理論を確認できる仕組みにした。マクロ経済学とミクロ経済学はグラフと計算の理解が不可欠であるから、情報の一元化を是非行って欲しい。

財政学は、最近では１問程度しか出題されていないため、この段階

で取り組むには、コストパフォーマンスが悪い。したがって、財政学だけはこの段階では未だ対策をせず後回しで良い。

3番目に取り組むべきは「行政管理」だ。この分野も8問と多く出題される。ゆえに、優先的に取り組むべき分野だ。知識問題が中心であるため、知っていれば解ける。職務と関係する内容も多く含まれるので、とっつきやすい分野だと言えるが、その分、新鮮味が無いので学問としては少し退屈に感じてしまうかもしれない。だが、出題数が多いのと、本番では、この分野から問題が始まるので、波に乗るためにも確実に対策をして欲しい。行政学の参考書を回しておけば、ほぼどんな問題にも対応できるだろう。

ここまでで、経営に関する知識8問、ミクロ経済学・マクロ経済学7問、行政管理8問の計23問分を対策してきた。例年の合格点が20点前後であることを考えると、この3分野で8割程度の得点ができれば、かなり合格に近づく。

つまり、この3分野の出来が合否を決めると言っても過言ではない。ゆえに、この3分野だけは絶対に手を抜いてはいけない。

4番目に取り組むべきなのは、政治経済等事情だ。8問程度出題されるため、無視できない。これも市販の参考書で時事問題を押さえる。勉強会などでは、「日頃からよく新聞を読んで〜」などと言われがちだが、そんな対策ではとても無理だ。新聞で読んだ内容など、細かい部分は整理・記憶できないし、トピックスとして知っていても、選択肢を取捨できるレベルの細かな理解には至らない。

「知っている」レベルでは、問題に正答できないのだ。国内外の政治・経済事情を新聞で幅広く、しかも、細部に至るまで理解し、吸収するなんてことは、はっきり言って不可能だろう。

だから、試験対策としては参考書を使う。ぼくが用いた参考書でも、他の参考書でも良いと思う。ただし、参考書を選ぶ際は、問題が付いている参考書が良い。ただの解説本では「分かったつもり」になってしまうからだ。問題に答えることで、知識・理解は定着する。脳に記憶をきざむには、「問題に答えること」が重要なのだ。

　５番目に取り組むべきは、都政事情だ。都政事情の問題集は無い。唯一、都政新報に問題が掲載されているのでそれをやる。それから、都政に関する重要なトピックスは、都のホームページの報道発表「計画・財政」の分野と「調査結果」の分野を直近１年間確認するとポイントを押さえられる。やってみて欲しい。それから、過去問分析のところでも少し触れたが、都政事情には、一定のパターンがある。つまり、「予算」、「計画もの」、「調査もの」の３分野については、繰り返し出題されている。出題者としても、出題しやすい分野ということだ。

　なお、都政事情を勉強すると、論文の出題テーマの予想にも資する。直近一年間の都政にとって重要なトピックスが論文の出題テーマになることはありえるだろう。また、管理職を目指す以上、都政を取り巻く状況について知っておくことは不可欠だと思う。

　最後に取り組むのは、財政学と会計に関する知識だ。それぞれ、１問、２問と大した出題数ではない。最後に回して良い分野だ。簿記検定を持っているなど、得意な方は確実に得点に結びつけるため、取り組むべきだが、知識の下地が皆無な方、得意でない方はやっても確実な得点に結びつかないため、さらっと流しても良いと思う。

　ただ、「満点を取りに行け」という以上、全くやらないのはもったいない。だから、概要を抑え、単なる知識問題なんかは、解いておくべきだ。

2-4　択一試験本番での対応

　択一試験対策は、冒頭でも述べたが**努力できるかどうかが合否を決める**。記憶力が良いかどうか、思考力があるかどうか、もっと言えば、ＩＱが高いかどうかが合否を決めるわけではない。「**努力できるかどうか**」だ。

　ぼくはアインシュタインが大好きなのだが、アインシュタインが残した名言に次の言葉がある。「**天才とは努力する凡人のことである。**」ぼくは、「努力ができる」という才能は、あらゆることを成し遂げる上で最強の才能だと思っている。圧倒的な量をこなすことで成功が生まれるのだ。そして、アインシュタインは、「**挫折を経験した事がない者は、何も新しいことに挑戦したことが無いということだ。**」とも言っている。失敗をおそれ、挑戦しないことほど、もったいないことはない。

　頑張っているところを周りにあまり見せたくないという人に言いたい。あなたが思っているほど、他人はあなたのことなど気にしていない。みんな、自分の人生を懸命に生きることでいっぱいいっぱいなのだ。だから、努力を惜しまないで欲しい。

　また、失敗して傷つきたくないという人にも、次のエジソンの言葉を贈りたい。「**私は失敗したことがない。ただ、１万とおりのうまく行かない方法を発見しただけだ。**」

　ぼくがみんなの代わりに３回試験に落ちて、うまく行かない方法を発見しておいた。そして、うまく行く方法を、うまく行かない方法に

も言及しながら、本書にまとめた。だから、安心して、全力で試験勉強に取り組んで欲しい。

　努力をし尽くした上で、試験本番でどう問題に取り組むか、本項では述べる。

　まず、択一試験の時間は1時間40分だ。5肢択一で40問あるから、選択肢は全部で200ある。

　単純計算で、試験時間100分を200の選択肢で割ると、1つの選択肢を読む時間は30秒ある計算だ。一つ一つの選択肢をしっかりと読む時間が確保されている。心配な方は、試験の直前期に過去1年分だけで良いので時間を計って問題を解いてみよう。「意外と時間に余裕があるな」と感じるはずだ。また、各分野の時間配分を意識することにも役立つと思う。

　問題を解く順番だが、基本的に前から順番に解いていけばよいと思う。ただし、マクロ経済学・ミクロ経済学は若干の思考・計算とグラフの筆記が必要になるため、少し時間が読めない。だからその部分だけ飛ばしても良いかもしれない。とはいえ、マクロ経済学・ミクロ経済学の出題を飛ばすと、残すは財政学・会計学の出題だけなので、財政学・会計学をきちんと準備できていないのであれば、結局、出題順に解いていくことが効率的なのだと思う。

　択一試験はマークシートで解答するが、先ずは問題全てを解き終え、解答を問題用紙に記録してから、最後にマークシートに解答番号を反映させるのが良い。その方が、マークシートと問題用紙を行き来する時間を省けるし、マークミスも防げるからだ。

　また、選択肢は、**正答だと思われる肢を見つけたとしても、必ずそ**

49

の他の肢が誤りであることを確認するのがセオリーだ。正答率を上げる上でこの作業は欠かせない。

　では、正答だと思われる肢が2つ現れたらどうするべきか。ここの処理が択一では合否を分けることが多い。その二つの選択肢にどこかひっかけているポイントは無いかじっくりと一語、一語、確認していくことが重要である。それでも、いずれの肢も切れないとなった場合には、最初に正答の肢だと判断したものを選ぶようにしよう。その方が感覚的ではあるが、正答率が高いように感じる。ぼくのルールなので参考にして欲しい。

　それから、これは最後の最後の手として考えて欲しいのだが、次の表を見て欲しい。過去6年の択一試験の正答の肢の出現率だ。この表から言えることは、何か。**それは、全く分からない問題が残った場合に、他の問題の解答状況から逆算して、正解である確率が高い選択肢を絞りこむ**ということだ。全く対策できなかった分からない問題以外の問題の解答に自信があるのであれば、この手法は**全くやみくもに選択肢を選ぶよりは有効**だと思う。つまり、選択肢1は7回、選択肢2は7回、選択肢3は9回、選択肢4は9回、選択肢5は8回、正答の肢になる可能性が高い。まとめると、「**7，7，9，9，8**」**の法則**から逆算し、全く正答が分からない問題の肢を選ぶということだ。

　完全に邪道であり、最後の最後の手段と考えて欲しいのだが、正答の肢の出現率から逆算し、最も確率の高い選択肢を選ぶというのは、テクニックとして知っておいても損はない。

　ただし、年度ごとの正答の肢の出現数の推移からも分かるように、年度によって出現数はバラつきがある。「7，7，9，9，8」の法則は、山勘でマークする際に正答率を少しでも上げるための参考情報にすぎ

ない。だから、合格するための一番の近道は、やはり真面目に勉強に取り組むことだということを付け加えておく。

　以上で、択一試験対策の章は終了だ。

2　択一試験突破に向けた to do

≪過去の択一試験問題の正答の肢≫

問題	H30	H29	H28	H27	H26	H25
1	5	1	4	3	5	2
2	2	5	4	5	5	3
3	4	2	4	3	3	3
4	3	2	1	3	4	4
5	5	3	3	4	5	1
6	4	4	3	1	4	3
7	5	4	1	5	5	5
8	4	3	3	5	2	2
9	3	3	5	1	3	5
10	1	1	4	2	4	2
11	4	4	3	2	4	3
12	2	4	1	3	2	5
13	4	2	2	5	1	1
14	3	5	5	2	5	4
15	2	3	2	4	4	1
16	2	5	1	4	4	3
17	3	3	5	5	1	5
18	4	1	2	4	5	3
19	2	2	5	1	3	2
20	1	2	2	4	1	5
21	4	5	3	2	3	4
22	2	1	4	4	3	4
23	1	4	4	3	2	1
24	1	2	5	1	3	3
25	2	5	4	3	3	2
26	4	2	5	3	1	2
27	5	5	2	1	4	4
28	3	5	2	1	3	2
29	5	1	3	4	5	3
30	5	5	5	2	3	4
31	5	2	2	1	1	3
32	2	5	1	3	4	2
33	2	1	4	1	3	2
34	4	4	1	4	1	4
35	4	3	1	4	5	3
36	3	1	3	3	5	5
37	3	4	4	2	3	2
38	5	3	3	4	2	3
39	5	4	4	4	5	1
40	3	4	3	4	1	3

≪過去の択一試験の正答の肢　出現数と出現率≫

正答	H30		H29		H28		H27		H26		H25	
の肢	出現数	出現率	出現数	出現率	出現数	出現率	出現数	出現率	出現数	出現率	出現数	出現率
1	4	10.0%	7	17.5%	7	17.5%	8	20.0%	7	17.5%	5	12.5%
2	9	22.5%	8	20.0%	7	17.5%	6	15.0%	4	10.0%	10	25.0%
3	8	20.0%	7	17.5%	9	22.5%	9	22.5%	11	27.5%	12	30.0%
4	10	25.0%	9	22.5%	10	25.0%	12	30.0%	8	20.0%	7	17.5%
5	9	22.5%	9	22.5%	7	17.5%	5	12.5%	10	25.0%	6	15.0%
計	40	100.0%	40	100.0%	40	100.0%	40	100.0%	40	100.0%	40	100.0%

≪正答の肢　平均出現数≫

正答の肢	平均出現数
1	7
2	7
3	9
4	9
5	8
計	40

2　択一試験突破に向けた to do

3

論文試験
突破に向けた
to do

3-1 論文試験対策の進め方について

論文試験対策は次の流れで進める。

ぼくの経験上、この手法が一番効率的であり、かつ、直ちに合格レベルに達する手法だと確信している。

（1）過去問を分析し、出題の意図を理解する。

（2）過去の出題パターンから、来年度の出題を予想する。

（3）合格レベルにある論文を入手する。

（4）合格論文を分析する。

（5）分析結果を踏まえ論文を書く。

（6）論文を管理職に見てもらい、必要な修正を施す。

（7）作成した論文を暗記し、アウトプットする。

以下、なぜ上記の手法が効率的で有効なのかを順番に説明していきたい。

「（1）過去問を分析し、出題の意図を理解する。」について。これは、「敵を知り、己を知れば、百戦危うからず」だからだ。孫子の兵法は、あらゆる試験対策の基本である。読者のみんなは、比較的いろいろな試験で成功を収めてきているはずだ。その際、過去問を確認しなかったという人は皆無だろう。過去問を確認することの重要性は、語るに及ばない。

ただし、過去問のどこをどう確認する必要があるのかについては、

次項で述べたい。

続いて、「**（2）過去の出題パターンから、来年度の出題を予想する。**」だが、論文の出題は、ある程度予想が可能だと思っている。というのは、出題には、出題者の様々な心理が反映されるからだ。

具体的に言うと、あまりにもマイナーなテーマからの出題は考えにくい。将来の管理職を選考する試験問題として適切ではないという判断が働くからだ。

東京都管理職選考Ａはその合格率の低さから、よく、司法試験と並べて記事にされることもあるが、司法試験とは全然違う。東京都管理職選考Ａでは、司法試験のような重箱の隅をつつくような出題はまずない。

仮に、ものすごくマイナーな問題を出題した場合、試験のギャンブル性が高くなるため、たまたま準備していた受験者が合格してしまうか、試験勉強ばかりしている受験者が合格してしまう。

そうなると、真に管理職にふさわしい人材を選考できず、昇任選考の公平性・公正性を欠くことになる。

もっと言えば、Ａの管理職には、都政全般を俯瞰できるジェネラリストとしての役割も期待されていることから、論文試験においても、そういった観点を持っているか評価されるものと考えられる。マイナーなテーマではそれを検証できないのだ。

こうしたことから、東京都管理職選考Ａの論文試験は、広範な都政課題の中から「**時宜にかなったメジャーな都政課題**」が**出題**されると考えて良い。

また、出題案を考える担当者は、必ず上層部に来年度の問題がこれで良いかどうかの稟議・決定を行っているはずだ。

57

そして、その過程の中で、なぜその問題を出題するのかについて上層部から説明を求められているはずだ。ゆえに、上層部からの問いにきちんと答えられるテーマでないと作問できないと考えられる。つまり、出題は必然的に都政において**特に重要とされているテーマ**とならざるをえないはずだ。

ここで、読者の中には、「おいおい、そんなこと当たり前だし、そんなテーマいくらでもあるぞ」と思った方もいるかもしれないが、出題予想の具体的な手法は次項に譲るので、もう少し我慢をして欲しい。

さらに、論文のテーマは過去の出題経緯にも大きく左右されるものと考えられる。例えば、直近に出題したテーマを翌年も出題する可能性は低いだろう。もっと具体的に言うと、直近の出題で用いた資料を翌年も用いるという可能性も低い。出題は1年に（1回の試験に）2問しかないが、その2問に添付された資料をよく分析すれば、**その年に取り上げたかった都政課題（出題の意図）が1問につき4〜5程度設定されている**ことに気付く。それらの都政課題を除外することで、つまり、直近の既出の都政課題を除外することで、ある程度、翌年度の出題テーマを絞りこむことができる。**出題予想は可能だ。**

「**（3）合格レベルにある論文を入手する。**」だが、これは当然に必要な作業だろう。どういった論文が評価され、合格レベルにあるのかを知る必要があることは自明だ。

しかし、ここには大きな壁がある。プロローグでも述べたが、合格者から合格論文を直接入手できるケースは稀だからだ。まず、そもそも合格者が局に1〜2名しかいないこと、また、仮にその合格者が同じフロアに居たとしても、「合格論文をくれませんか」と言いだすには、なかなか勇気がいるだろう。さらに、仮に合格論文が欲しいと言い出

せたとしても、合格者が素直に自分の論文を提供してくれるとも限らない。

　ぼくも、何人かに「合格論文を提供して欲しい」と言われたが、自分が作成した論文を他者に提供することへの恥じらいや、長時間かけて作成した渾身の論文を、それほどよく知らない人に提供することへの抵抗感から、提供を躊躇していた。

　合格者だって人である。周りの人から「すごい」と思われたいし、苦労して掴んだ合格のノウハウを易々と提供したくはないのだ。

　合格者がよく「あまり勉強しなかったけど、たまたま運良く合格できました。」と言うのは、「この人って天才肌だな」って思われたいからだ。ほかでもない、ぼくのことである。論文対策はほとんどやっていないと周りに吹聴していた。だから、提供できる論文も大して無いのだと。見栄以外の何物でもない。

　でも、実際はめちゃくちゃ努力をしている。そして、他の合格者も見えないところで精一杯の努力をしていると思う。読者のみんなだって少しは身に覚えがあるだろう。**勉強時間は過少申告が基本**だ。

　少し話は逸れたが、合格レベルにある論文の入手には、こういった見えない壁が立ちはだかっている。しかし、本書においては、**ぼくの論文を惜しみなく披露**する。

　「**（4）合格論文を分析する。**」だが、この作業が論文を作成するにあたり**一番重要な作業**だと言いたい。

　大体、合格論文を手に入れると読み流し、「ふーん、なるほどね」といった具合に、同じような接続詞を用いてオリジナル論文の作成に取り掛かる。

　しかし、これは非常にもったいないことだ。合格論文には、採点者

を惹きつけ、高得点をたたき出すための様々な工夫が施されている。それは、一読しただけでは絶対に気が付かない。

合格論文を分析し、吟味して、はじめて合格するためのエッセンスを抽出できる。そのためには、**一度合格論文をそのままパソコンで良いので書写する**ことをお勧めする。全く同じように書き写すことで、読んだだけでは気付かなかった様々な工夫に気付くはずだ。

そして、その気付きこそが、自身のオリジナル論文を作成する上で極めて重要な働きをする。本書では、ぼくの論文を用いてその工夫を解説したい。

そしていよいよ「**（5）分析結果を踏まえ論文を書く。**」だが、合格論文の分析が十分に終わっていれば、良い論文を書くことはさほど難しくない。分析から得られたルールに基づいて、各局のホームページや各種計画もの、新聞記事等から情報を集め、同じように書いていけば良い。

唯一留意すべき点は、最新の課題とそれに対する新規施策を盛り込むこと。そのためには、**未だ施策に具現化できていない審議会や検討会議の議事録などに目を通し、斬新な視点を持つ**ことが重要だ。

また、予想した出題テーマについて3つの課題、3つの背景要因、3つの施策を書けば論文として完成するが、**課題、背景要因、解決策の一連の塊は1つのテーマ（例えば、セーフシティ）について4～5準備しておく（例えば、耐震化対策、帰宅困難者対策、豪雨対策、治安対策、テロ対策）**ことが良策である。

出題テーマを当てたとしても、そのテーマの中で示される資料（抽出すべき出題の意図としての都政課題）に対応した論文を書くことができなければ、高得点につながらないからだ。

大切なことなのでもう一度言うが、例えば、セーフシティというテーマが出るだろうと予想したのであれば、これに関する課題、背景要因、解決策の一連の塊を①耐震化対策、②帰宅困難者対策、③豪雨対策、④治安対策、⑤テロ対策といった個別の課題ごとに準備する必要がある。これも後で詳しく述べたい。

「(6) 管理職に見てもらい、必要な修正を施す。」だが、これが重要な理由は2つある。

1つめは、管理職は既に管理職選考を突破しており、ゆえに、何が良い論文なのかについてのポイントを押さえている可能性が高いからだ。つまり、評価ポイントを把握している可能性が高いため、有効なアドバイスが得られる可能性が高い。

2つめは、自分では気がつかない文章の癖を発見してもらう必要があるからだ。2点目は、実は管理職じゃなくても発見できる。身近に信頼できる先輩職員がいれば、お願いしても良いと思う。

案外、自分の文章の変な癖というのは、自分自身では気が付かないものだ。

ただし、ここで一つ注意がある。管理職にとって良い論文とするものには若干の個人差がある(とはいえ、概ね相対評価は一致するのだが)ことだ。複数の管理職に見てもらった結果、「逆のことを言われた」なんてことはよくある。これにどう対応するか、後で詳しく示したい。

そして、「(7) 作成した論文を暗記し、アウトプットする。」について。暗記とアウトプットに要する期間は、1か月あれば十分だろう。5月末に試験があることを考えれば、4月末までに論文を完成させられれば間に合う。ゴールデンウィークをうまく使い、インプット・アウトプットに全力投球だ。

61

中には、「暗記は悪だ」とする人もいる。試験本番で柔軟な対応ができなくなるからだ。また、東京都管理職選考Aは、その場で思考をして、その人本来の問題意識や施策形成力、論理的思考力、表現力を試す試験だから、暗記は無駄だとする人もいる。

しかし、はっきり言おう。それはきれいごとだ。試験本番という限られた時間内にひねり出した問題意識や施策、文章が、何時間も何日もかけて練りに練った問題意識や施策、洗練された文章に敵うわけがない。

そういう意味では、試験当日の朝起きた瞬間に既に論文試験の勝負はついていると言っても過言ではないというのが僕の実感だ。

しっかり暗記して、試験に臨んで欲しい。

以上、効率的な論文対策の流れについて述べた。この流れで取り組めば、必ず本番で圧倒的な力を発揮し、高得点を奪取できると思う。

逆に、外部の論文添削制度を利用したり、自力で一からオリジナル論文を作成したりすることは、時間とお金と労力を無駄にする可能性が高いことを付け加えておく。

事実、ぼくは多くの時間とお金と労力を無駄にした可能性がある。みんなにはそうなってほしくないと心底思っている。

最速で合格して、大切な時間とお金を家族や友人、恋人、趣味に使って欲しい。

3-2 過去問を分析し、出題の意図を理解する

　では、さっそく、過去問を分析し、何が問われているのかについて確認・理解をしていこう。

　まず、論文問題の表紙には、次の注意事項が記載されている。解答をするうえで基本となるので順番に確認していきたい。

〈要旨〉

・問題と解答用紙は別になっている。必ず解答用紙に解答すること。

・問題は2題ある。そのうちから1題を選択して回答すること。

・回答時間は2時間50分。

・各問題の（1）は解答用紙の1ページ目に、（2）は解答用紙の2ページ目から記載すること。

・論文字数は（1）は400字程度、（2）は1,300字以上1,800字程度。（2）の字数は、文字が記載されている行ごとに20字として数える。なお、（2）の時数が1,300字に満たない場合は採点されないことがある。

・下書き等は、構成用紙を利用すること。

・解答に当たっては、解答用紙の表紙に記載された注意をよく読むこと。

・問題の冊子と構成用紙は持ち帰ることができるが、解答用紙は絶対に持ち帰らないこと。問題のページは次のとおり。

問題1… ○ページ － ○ページ

問題2… ○ページ － ○ページ

まず、注意事項から、次のことが言える。

（1）については、「400字程度」とされている。「程度」とされている以上、400字ぴったりである必要はないと推察されるが、**少なくとも、配布される解答用紙の枠内に収める必要はある**と考えられる。この点を押さえる。

（2）については、1,300字以上1,800字程度とされている。そして、1,300字に満たない場合は採点されないことがあるとされている。**1,300字のラインは必ず超える**必要がある。つまり、文字が記載されている行ごとに20字として数えるのだから、文字は少なくとも65行にわたり記載されている必要がある。

というか、内容のある論文にするためには、1,300字以上は絶対に必要であるため、超えない論文はそもそも合格ラインにないだろう。1,800字「程度」というのはどれくらいまでが許容範囲か。

一般的に「程度」という場合は、字数の1割超えまでを許容範囲としているケースが多い。1,800字の1割超えは、1,980字である。これに収まれば、減点対象にはならないと考えられる。

もちろん、配布される解答用紙のマス内である必要はあると考えられる。

逆に、（1）にしても（2）にしても、配布される解答用紙のマスを超えて論述した場合には、条件を満たしていない論文として減点されることが予想される。この点は、留意する必要がある。

次に、この注意事項において留意すべき点は、「解答用紙の表紙に記載されている注意をよく読むこと」という点だ。解答用紙は持ち帰ることができないので、解答用紙の表紙に何が書かれてあるかをここに書くことはできないが、この注意で書かれていることは厳守して欲しい。

また、採点者は一人で多数の論文を添削していると推察されるため、採点者に優しくない論文は、必然的に点数が伸びない可能性が高い。このことを肝に銘じて欲しい。

次に、実際の問題を見ていこう。下に掲載したのは、平成30年度の問題1だ。

≪平成30年度の問題≫

【問題1】
　別添の資料は、東京を取り巻く<u>環境に関する状況</u>等を示したものです。次の（1）、（2）に答えなさい。
（1）<u>世界をリードする環境先進都市・東京を実現する観点から</u>資料を分析し、その分析結果に基づき抽出した課題について、<u>資料のデータ等が示す意味に言及した上で</u>簡潔に述べなさい。なお、<u>資料7点のうち、3点以上に触れること</u>。
（2）（1）で述べた課題に関し、今後、都はどのような施策を推進するべきか、理由を含めて具体的に論じなさい。なお、<u>都が実施している又は実施を予定している施策の説明にとどまらずに、あなたの創意工夫等を盛り込む</u>こと。

重要な個所に下線を引いた。

まず、最初の1文で「環境施策に関する出題だ」と認識できる。

そして、（1）については、資料が7点添付されており、その内3点以上に触れる必要があることが分かる。

3　論文試験突破に向けた to do

（２）は課題を踏まえ、具体的な施策を書いていく必要があるが、「あなたの創意工夫を盛り込むこと」という条件付きである。

資料について具体的に見ていこう。資料そのものは、著作権の関係があるため、掲載できないが、平成３０年度の問題１でどういった資料が提示されたのかを私見ではあるが下記にまとめた。

資料１…東京の CO2 排出量の部門別（産業、業務、家庭部門等）構成比に関する資料

資料２…１人当たりの電力消費量に関する資料

資料３…都内のエネルギー消費量の部門別（産業、業務、家庭部門等）推移に関する資料

資料４…PM2.5 濃度と環境基準に関する資料

資料５…自動車からの浮遊粒子状物質、窒素酸化物の排出量に関する資料

資料６…世界、日本、東京の年平均気温偏差の推移に関する資料

資料７…東京都都市公園等の面積に関する資料

資料の分析は、解答を作成するうえで極めて重要であるが、落とし穴があるので注意して欲しい。

受験者は、資料に絡めた都政課題であれば、なんでも評価対象になるだろうと考え、準備してきた論文に資料から言えることを無理やり絡ませて解答を作成するケースがある。準備してきた論文が当たらなかった状況であれば、こうした悪あがきもやむを得ないし、むしろあがくべきだろう。

しかし、実際には、こうした悪あがきでは、到底合格は覚束ない。

なぜなら、**一つ一つの資料は明確な出題の意図（受験者に抽出して欲しい課題）**を持って出題されていると考えられるからだ。

このことは、ぼくの経験上言える。平成２７年度の管理職選考Ａでは、問題１が「地方創生」について、問題２が「豊かな環境と充実したインフラを次世代に引き継ぐための施策」について出題された。ぼくはどちらの出題にも真正面から対応できる論文を準備していなかったが、かろうじて、問題２について国際競争力の強化をテーマにした論文をアレンジして論述できると考えた。準備した論文では、インフラ関係のことを書いていたのでそれに合うように資料から課題を都合よく抽出し、論文を作成した。作成した論文だけを見れば、十分に準備をした論文だったので論理展開や施策はきちんとしたものが書けたと思った。

しかし、結果はお見事「Ｄ」の評価※を頂戴した。

（※Ａが最上位であり、Ｅが最下位の評価）

出題の条件は全て満たしたし、論文そのものも悪くなかったはずなのに「Ｄ」は無いだろうと内心思った。

低評価につながったのは、おそらく各資料で想定されている課題（出題の意図）を抜き出せなかったからだろう。当時は、「課題なんて、資料から受験者側が任意に解釈して抽出して良いのではないか」とも思っていた。

しかし、採点する側の事情を勘案すれば、このような論文が低評価になること、つまり、各資料が明確な出題の意図を持っていることは、ある意味当然のことかもしれない。

採点は、複数人で行っているものと思われるが、採点には当然、採点基準が必要だ。

67

管理職選考の要綱上は、「**①問題意識、②政策形成力、③論理性、④表現力等について評定する**」とあるが、それぞれの評価項目については、採点ポイントが示されていると考えるのが合理的だろう。

そうでなければ、それぞれの評価項目を、採点者が独自の観点で評価することになり、客観性が担保されないからだ。

試験の採点には、試験制度を公平公正なものとするために、可能な限り客観性が求められる。しかし、論文試験はその性質上、主観を完全に排除することはできない。採点者の好みによって、評価がばらつくこともあるはずだ。

現に、ぼくは管理職選考合格後、局の勉強会のインストラクターを担ったが、約20名の受験者の論文を管理職に添削依頼した際、管理職によって論文の評価に若干のばらつきがあった。

良いとされる論文は概ねどの管理職も同じように評価していたが、それでも若干の好みが出て、受験者の順位が前後していた。

こうしたことから、論文添削の客観性、つまり、試験制度の公平性公正性を確保するため、評価ポイントを示したり、複数人で採点したりすることが考えられる。

では、各資料にはどういった出題の意図（受験者に抽出して欲しい課題）があるのか、具体的に見ていこう。もう一度、平成30年度の問題1の資料を見て欲しい。ずばり、各資料の出題の意図（受験者に抽出して欲しい課題）は次のとおりだと考えられる。

資料1…東京のCO2排出量の部門別（産業、業務、家庭部門等）
構成比に関する資料

➡ 省エネ対策

資料2…1人当たりの電力消費量に関する資料

➡ 省エネ対策

資料3…都内のエネルギー消費量の部門別（産業、業務、家庭部
門等）推移に関する資料

➡ 省エネ対策

資料4…PM2.5濃度と環境基準に関する資料

➡ 大気汚染対策

資料5…自動車からの浮遊粒子状物質、窒素酸化物の排出量に関
する資料

➡ 大気汚染対策

資料6…世界、日本、東京の年平均気温偏差の推移に関する資料

➡ 温暖化対策

資料7…東京都都市公園等の面積に関する資料

➡ 緑化対策

「あなたは出題の意図がなぜ上記のとおりだと言い切れるのですか」
という読者がいるかもしれない。

言い切れるのは理由がある。論文試験本番で、ぼくは上記のように
資料を分析して、論文を作成し、合格したからだ。

こうしてみると、**一つの問題(環境)に4つ程度の課題(省エネ対策、
大気汚染対策、温暖化対策、緑化対策)が抽出できるよう問題が設計さ**

れていることが推察される。

受験者が必死に勉強して準備してきた課題が当たらなかった場合、試験で結果を出すことは難しい。仕事も勉強も頑張ってきたのに報われないのでは、都民にとっても組織にとっても大きな損失だろう。

こうしたことを避けるため、試験のギャンブル性を下げ、より公平公正な試験になるよう、課題を3つ限定ではなく、4つ程度抽出できるよう問題を設計してくれているものと考えられる。

受験者は、この出題の意図に、しっかりと応えなければいけない。出題の意図を十分に把握し、それに対応した論述を心がけて欲しい。

「あなたの創意工夫等を盛り込むこと」について。こうした出題の条件が設定されるのは、都政を担う管理職に必要な、的確な現状分析能力（＝問題意識）と、クリエイティブな施策立案能力（＝政策形成力）を持っているかを試したいからだろう。

その素養がない者は合格できない、ということだ。

そこで、**受験者としては論文中に「私が創意工夫した施策ですよ」を必ず明示しないといけない**。こうした出題に係る条件設定は様々予想される。「長期的な視点で」だとか「地方との連携を意識して」だとか、何が条件として設定されるかは分からない。

しかし、受験者はそういった条件に対応する表現を必ず論文中に入れて論述する必要がある。これが無い論文は、点数が伸びない。

現に、ぼくが平成29年度に受験した際、問題1の「誰もがいきいきと暮らせる、活躍できる、働ける都市・東京の実現」を選択し、論文中に既に用意していた施策（既存施策）を少しだけアレンジして「創意工夫した施策」として論文を書いた。しかし、そのアレンジした施策について、私が創意工夫したものであることを示す表現を論文中に

70

入れなかった。というのは、「採点者が、既存施策は把握してくれているはずだから、自分のアレンジについて当然気付いてくれるだろう」と考えていたからだ。

きちんと準備してきた論文だったし、「それなりの高評価になるだろう」と予想していた。「口頭試問に進めるかもしれない」との期待もあった。

結果はお見事、「C」の評価を頂戴した。創意工夫という条件をきちんと満たせなかったからだ。いや、正確には満たしていたが（ぼくとしては満たしていたが）、満たしていることを採点者に示せなかったからだと思う。

背景分析も施策も論理構成も、手応えのある内容だったがダメだった。

採点者は都政全体を俯瞰した視点は持ち合わせていると思われるが、個々の課題に対する具体的な施策全てに精通しているわけではないことは、よく考えれば当たり前だろう。

採点者が一人で多くの受験者の論文を採点するにあたり、論文中に示された施策が既存施策なのか、受験者の創意工夫したオリジナル施策なのかを調査して採点することは、なかなか難しいと考えた方が無難だ。

仮に、オリジナル施策を書けていたとしても、それを採点者に伝えることができていなければ、オリジナル施策を書いていないのと一緒なのだ。

大切なことなのでもう一度言うが、「**採点者に優しくない答案は点数が伸び悩む**」の法則をしっかりと認識して欲しい。問題の条件にきちんと応えること（応えていることを示すこと）がいかに重要かをぼく自身痛感させられた。

読者のみんなは痛感することなく、試験をパスして欲しい。

3-3 過去の出題から、来年度の出題を予想する

　過去の出題から、来年度の出題を予想することは可能である旨、前項（3－1）で述べた。

　では、具体的にどうやるのか。その技法を紹介する。

（1）過去の出題テーマと使われた資料を最新の計画に記載された項目ごとに表にまとめる。

　次の表を見て欲しい。過去6年の出題テーマを最新の計画である「実行プラン」の項目ごとにまとめたものだ。同一年度内に出題される問題は2問あるので「問1」「問2」と記載している。

　なぜ、最新の計画（実行プラン）の項目ごとにまとめるのか。それは、最新の計画には**重要な都政課題が陳列されており、そこから出題される可能性が高いからだ。**

　現に、「これは都政課題としては限定的であり、奇問の部類に入るのではないか」と思った過去問に、平成30年度問題2の「多摩振興」があるが、実行プランの「分野横断的な政策の展開」の中で「多摩・島しょの振興」がしっかりと位置付けられている。

　また、平成29年度問題1の「東京の成長戦略」も、実行プランの第3章「東京の成長戦略の方向性」に詳しく書かれている。

　平成28年度問題1の「地方創生」も、当時、難問だと騒がれたが、当時の最新の計画であった「長期ビジョン」の最後の方、「「東京都と

地方」が共に栄え、日本全体の発展を目指す取組」にしっかりと特集
されている。

　つまり、出題は、計画などに記載されている重要な都政課題の中か
ら選出され、将来の管理職を選考するに相応しい問題として作成され
ていると考えられる。

　逆に言えば、この最新の計画の中に盛り込まれている都政課題であ
れば、何を出しても、後日悪問だと批判される可能性は少ないだろう。

　計画の中では、少しマイナーだと考えられる都政課題であっても自
信を持って出題できると言える。計画に記載されている以上、「重箱の
隅をつつく論点」とは言えない。

　ぼくも、もし、出題する側であれば、最新の計画に記載されている
都政課題の中から出題する。

3 論文試験突破に向けた to do

実行プランの構成	年度	H25	H26
	問1	防災	産業振興
	問2	少子高齢	雇用就業
セーフ シティ			
1 地震に強いまちづくり	耐震化対策	問1 防災	
2 自助・共助・公助の連携による防災力の向上	帰宅困難者	問1 防災	
3 豪雨・土砂災害対策	豪雨対策		
4 都市インフラの長寿命化・更新	インフラ管理		
5 まちの安全・安心の確保	治安対策		
6 まちの元気創出	町起こし		
7 多摩・島しょ地域のまちづくり	多摩島しょ		
ダイバーシティ			
1 子供を安心して産み育てられるまち	少子化対策	問2 少子高齢	
2 高齢者が安心して暮らせる社会	高齢者対策	問2 少子高齢	
3 医療が充実し健康に暮らせるまち	医療施策	問2 少子高齢	
4 障害者がいきいきと暮らせる社会	障害者対策		
5 誰もが活躍できるまち	働き方・雇用対策	問2 少子高齢	問2 雇用就業
6 誰もが優しさを感じられるまち	バリアフリー	問2 少子高齢	
7 未来を担う人材の育成	次世代育成		問2 雇用就業
8 誰もがスポーツに親しめる社会	スポーツ振興		
スマート シティ			
1 スマートエネルギー都市	省エネ対策		
2 快適な都市環境の創出	温暖化・大気対策		
3 豊かな自然環境の創出・保全	緑の保全		
4 国際金融・経済都市	産業振興		問1 産業振興
5 交通・物流ネットワークの形成	道路、港湾、航空		問1 産業振興
6 多様な機能を集積したまちづくり	まちづくり		問1 産業振興
7 世界に開かれた国際・観光都市	観光振興		問1 産業振興
8 芸術文化の振興	芸術振興		
分野横断的な政策の展開			
1 オリンピック・パラリンピック競技大会の成功に向けた取組	オリパラ		
2 多摩・島しょの振興	多摩・島しょ振興		
3 ICTで切り開く東京の未来	ICT戦略（H30政策強化）		
東京の成長戦略の方向性	成長戦略		
Beyond2020～東京の未来に向けて～	先進的取組		
その他	地方創生		

H27	H28	H29	H30	H31(予想)
少子高齢	地方創生	成長戦略	環境先進都市	セーフ
危機管理	環境インフラ	ダイバーシティ	多摩振興	ICT
問2 危機管理				問1 セーフ
問2 危機管理				問1 セーフ
問2 危機管理				問1 セーフ
	問2 環境インフラ			問1 セーフ
				問1 セーフ
			問2 多摩振興	
問1 少子高齢		問2 ダイバーシティ		
問1 少子高齢		問2 ダイバーシティ		
		問2 ダイバーシティ		
		問2 ダイバーシティ		
		問2 ダイバーシティ		
		問2 ダイバーシティ		
	問2 環境インフラ		問1 環境先進都市	
	問2 環境インフラ		問1 環境先進都市	
	問2 環境インフラ		問1 環境先進都市	
		問1 成長戦略		
		問1 成長戦略		
		問1 成長戦略		
			問2 多摩振興	
		問1 成長戦略		問2 ICT
		問1 成長戦略		
				問2 ICT
	問1 地方創生			

**（2）表から出題パターンを確認し、次年度出題される可能性の低い
　テーマを除外する。**

　改めて、表を見て欲しい。ダイバーシティに位置付けられているテーマからの出題は隔年でされていることに気付く。

　逆に、セーフシティに位置付けられているテーマからの出題は、非常に重要な都政課題であるにも関わらず、平成27年度以来まともに出題されていない。また、本書の執筆時点である平成30年度は、日本各地で大規模な自然災害が頻発した年でもある。スマートシティに位置付けられているテーマは大きく環境と産業振興に分けられるが、環境は平成30年度に、産業振興は平成29年度に出題されている。さらに、次世代育成やスポーツ振興、ICT戦略は非常に重要な都政課題であるにも関わらず、未だ出題が無い。

　これらの諸状況から、**平成31年度に出題される可能性の高いテーマは、ズバリ「セーフシティ」「ICT、スポーツ振興を絡めた次世代育成」「ICTを絡めた成長戦略」だ。**本書を執筆しているのは、平成31年1月であるため、当然、平成31年度の出題が何なのかは分からない。

　もし、当てることができていたら、ここで書かれていることの妥当性が、ある程度、立証されることになる。当たるかどうか、ぼくも期待と不安で胸がいっぱいだ。

（3）組織内部の自律改革等に関する課題が出題される可能性は低い。

　都庁内部の事務改善である「自律改革」があるが、これが出題される可能性は低い。

　なぜなら、情報公開や業務の効率化など組織内部の事務改善に関す

るものは、これまでもほとんど出題されていないからである。

　仮に、出題可能となれば、いわゆる「都政もの」と「職場もの」の概念の線引きが出来なくなってしまうからだろう。したがって、少子高齢化や自然災害、環境汚染といった社会構造の変化に対応する都政課題が出題されると考えて良いだろう。

（4）2020 東京大会など、目前の都政課題は出題される可能性は低い。

　あまりに喫緊の課題である場合には、出題される可能性は低いと思われる。なぜなら、既に施策の路線が決まっており、創意工夫した施策立案の余地が乏しいからだ。

　なお、平成 25 年からの実際の出題文を次ページにまとめておいた。参考にして欲しい。

3　論文試験突破に向けた to do

年度	問　題　1	問　題　2
H30	別添の資料は、東京を取り巻く<u>環境に関する状況</u>等を示したものです。次の(1)、(2)に答えなさい。 (1)<u>世界をリードする環境先進都市・東京を実現する観点</u>から資料を分析し、その分析結果に基づき抽出した課題について、<u>資料のデータ等が示す意味に言及した上で</u>簡潔に述べなさい。なお、<u>資料7点のうち、3点以上に触れる</u>こと。 (2)(1)で述べた課題に関し、今後、都はどのような施策を推進するべきか、理由を含めて具体的に論じなさい。なお、<u>都が実施している又は実施を予定している施策の説明にとどまらずに、あなたの創意工夫等を盛り込む</u>こと。	別添の資料は、<u>多摩地域を取り巻く社会経済情勢に関する状況</u>等を示したものです。次の(1)(2)に答えなさい。 (1)<u>多摩地域の振興の観点</u>から資料を分析し、その分析結果に基づき抽出した課題について、<u>資料のデータ等が示す意味に言及した上で</u>簡潔に述べなさい。なお、<u>資料7点のうち、3点以上に触れる</u>こと。 (2)(1)で述べた課題に関し、今後、都はどのような施策を推進するべきか、理由を含めて具体的に論じなさい。なお、<u>都が実施している又は実施を予定している施策の説明にとどまらずに、あなたの創意工夫等を盛り込む</u>こと。
H29	別添の資料は、東京を取り巻く社会経済情勢に関する状況等を示したものです。次の(1)、(2)に答えなさい。 (1)<u>東京が成長を続ける観点</u>から資料を分析し、その分析結果に基づき抽出した課題について、<u>資料のデータ等が示す意味に言及した上で</u>簡潔に述べなさい。なお、<u>資料7点のうち、3点以上に触れる</u>こと。 (2)(1)で述べた課題に関し、今後、都はどのような成長戦略を推進するべきか、理由を含めて具体的に論じなさい。なお、<u>都が実施している又は実施を予定している施策の説明にとどまらずに、あなたの創意工夫等を盛り込む</u>こと。	別添の資料は、東京を取り巻く近年の社会情勢に関する状況等を示したものです。次の(1)、(2)に答えなさい。 (1)<u>誰もがいきいきと暮らせる、活躍できる、働ける都市・東京の実現を目指す観点</u>から資料を分析し、その分析結果に基づき抽出した課題について、<u>資料のデータ等が示す意味に言及した上で</u>簡潔に述べなさい。なお、<u>資料8点のうち、3点以上に触れる</u>こと。 (2)(1)で述べた課題に関し、今後、都はどのような施策を推進するべきか、理由を含めて具体的に論じなさい。なお、<u>都が実施している又は実施を予定している施策の説明にとどまらずに、あなたの創意工夫等を盛り込む</u>こと。
H28	別添の資料は、<u>東京及び地方の状況</u>とそれに関連する情報を示したものです。 (1)これらの資料に基づいて、<u>東京と地方が共に栄えるために</u>、都政にとって特に重要と思われる課題について簡潔に述べなさい。なお、資料の全てに言及しなくてもよい。 (2)(1)で述べた課題について、今後、都はいかなる考えのもとにどのように対応をしていくべきか、<u>その対応への理解と協力を得る方策も含め</u>、あなたの考えを具体的に論じなさい。	別添の資料は、東京を取り巻く近年の社会経済情勢に関する状況等を表したものです。 (1)資料を分析し、今後の<u>東京の都市づくり</u>において、<u>長期的な視点で</u>特に重要と思われる課題を<u>1つ</u>挙げ、簡潔に述べなさい。なお、資料の全てに言及しなくてもよい。 (2)(1)で述べた課題に対して、<u>豊かな環境や充実したインフラを次世代に引き継ぐ</u>ために、今後、都が行っていくべき施策についてあなたの考えを論じなさい。
H27	別添の資料は、<u>少子高齢化等に関する状況</u>を示したものです。 (1)これらの資料から、<u>社会の活力を維持・発展させるために</u>、都政にとって特に重要と思われる課題について簡潔に述べなさい。 (2)(1)で述べた課題について、今後、都はどのように対応していくべきか、あなたの考えを論じなさい。	別添の資料は、<u>都市における危機等の状況</u>をあらわしたものです。 (1)これらの資料から、都政にとって重要と思われる課題をあげ、簡潔に述べなさい。 (2)(1)で述べた課題について、今後、都はどのような取組を実施し、<u>東京を安全・安心な都市</u>としていくべきか、あなたの考えを論じなさい。
H26	別添の資料は、都及び日本を取り巻く社会経済状況等をあらわしたものです。 (1)これらの資料から、<u>世界都市東京をさらに発展させ、東京が日本の発展を牽引</u>していくために特に重要と思われる課題を3つあげ、簡潔に述べなさい。 (2)(1)で述べた課題について、今後、都はどのように対応していくべきか、あなたの考えを論じなさい。	別添の資料は、<u>就労等に関する状況</u>を示したものです。 (1)これらの資料から、今後、<u>誰もが、やりがいを感じながら安心していきいきと働くことのできる社会を実現する</u>ために、<u>行政にとって特に重要と思われる課題を3つあげ、簡潔に述べなさい。 (2)(1)で述べた課題について、今後、都はどのように対応していくべきか、あなたの考えを論じなさい。
H25	別添の資料は、<u>防災に関するさまざまな状況</u>等をあらわしたものです。 (1)これらの資料より、<u>減災の視点から</u>、都政にとって特に重要と思われる課題を3つあげ、簡潔に述べなさい。 (2)(1)で述べた課題について、今後、都はどのような施策を実施していくべきか、あなたの考えを論じなさい。	別添の資料は、都を取り巻く社会状況等をあらわしたものです。 (1)これらの資料から、都政にとって特に重要と思われる課題を3つあげ、簡潔に述べなさい。 (2)(1)で述べた課題について、今後、<u>少子高齢社会における都市モデルを構築するため</u>、都はどのような施策を実施していくべきか、あなたの考えを論じなさい。

3-4 合格レベルにある論文を入手する

　本書を購入していただいているみんなは、平成30年度の管理職選考に合格しているぼくの論文を参考にできるので、基本的には、合格レベルにある論文を入手する必要はない。

　ただし、合格論文は都政新報にも掲載されているので、それを参考にしても良いと思う。

　また、近くに親しい合格者がおり、提供してくれるということであれば是非入手して欲しい。合格論文の分析は重要なので、サンプルは、多いにこしたことはない。

　どうしても、他の合格論文を入手したいという人は、奥の手として、局の人事担当にかけあうという方法もありえる。局の人事担当は、一人でも多くの合格者を局内から輩出したいという思いがある。なぜなら、局のメンツもさることながら、合格して管理職になった後、局に戻ってきて欲しいからだ。

　そういう意味で、局の人事担当と受験者の利害は一致している。人事担当を味方につけ、局内の合格者から合格論文の提供を依頼してみると、もしかしたら入手できるかもしれない。合格者も、局の人事担当からの依頼には、ノーとは言えないはずだ。

3－5　合格論文を分析する （論理構成と工夫）

　論文対策の冒頭でも述べたが、論文を合格レベルに仕上げるために
は、合格論文の分析が最も重要な作業である。合格論文には、採点者
に評価してもらうための様々な工夫が施されており、その工夫に気付
けるかどうかが、オリジナル論文を合格レベルに仕上げられるかどう
かを決める。

　本書では、ぼくが本番で書いた再現論文を通じて、その工夫を紹介
したい。

　先ず、（1）の出題について。

　（1）は、資料から課題を抽出して論述するが、各資料には抽出して
欲しい課題（出題の意図）が設定されていると考えられ、それをうま
く抽出できるかが重要だ。

　また、課題は論文の構成上3つ抽出するのが適当だ。出題者もそれ
を想定しているものと思われる。従って、抽出した課題はそれぞれ1
課題あたり5～6行で記載する。以下、具体的に見ていく。

　下記は、平成30年度の出題で、実際にぼくが本番で書いた論文を再
現したものだ。

1 省エネルギー対策の推進 — 小見出し

　東京の業務・家庭部門における CO_2 排出量は、全体の**5割**を占める。**(資料1)** 一方で、都内の最終エネルギー消費量は減少しているが、業務・家庭部門での省エネはあまり進んでいない。**(資料3)** ついては、省エネルギー対策の更なる推進が**課題である。**

資料の明示

数字を出す

2 熱環境に配慮した街区の形成

　東京の気温は過去100年の間に約3℃上昇し、他都市に比べヒートアイランド現象が顕著である。**(資料6)** 2020東京大会は、暑さの厳しい時期に開催されることから、熱中症などの健康被害の増加が危惧される。ついては、熱環境に配慮した街区の形成が**課題である。**

5〜6行でまとめ

締める

3 緑の創出・保全

　東京のみどり率について、公園・緑地は5年前の調査よりわずかに増加している。一方で、一人あたりの公園緑地は減少傾向にある。**(資料7)** ついては、緑の創出・保全が重要な**課題である。**

　以下、この論述でぼくが何を工夫したのかを順番に述べていきたい。

　まずは体裁の面だが、課題を3つ抽出している。そして、課題1つあたりの記載量は5行から6行である。**6行、6行、5行でまとめ、バランスをとった。**

　また、それぞれの課題について、**小見出しを付けている。**こうすることで、採点者に何を課題として挙げたのかを分かりやすく伝えよう

としている。また、一つの課題を導出するにあたり、なるべく多くの資料を採用しようと努力している。一つ目の課題では2つの資料から課題を導出した。

次に中身の部分だが、一つ目の課題の論述を見て欲しい。この「東京の業務・家庭部門における CO_2 排出量は、全体の5割を占める。(資料1)」の一文には、資料から読み取れる事実を**数字も含めて記載**している。また、「(資料1)」と記載して、**どの資料を参酌したのかを明示**している。

読者も重々分かっていると思うが、数字には強い説得力がある。資料から事実を抽出する時は、必ず**数字も一緒に抽出して記載**して欲しい。また、採点者にどの資料から抜き出した事実かを伝えられるよう、そして、出題の条件を満たしていることをアピールできるよう、**(資料○)を明記**している。

そして、文章構成だが、一つの課題は、「**○○という事実がある。一方で、○○という事実もある。ついては、○○が課題である**」という**論証パターン**を採用している。複数の事実から課題を導出することで、採点者に現状を多角的に分析している印象を持ってもらうためである。

ぼくの一つめの課題は「業務・家庭部門の省エネルギー対策の推進」だが、それがなぜ課題なのかというと、「①都内の CO_2 排出量全体に占める業務・家庭部門の CO_2 排出量が多い」、「②それにも関わらず業務家庭部門の省エネ対策は全然進んでいない」、「だから業務・家庭部門の省エネ対策を進める必要があるのです」という論理を採用している。「**事実①＋一方で、事実②→ついては、○○が課題である。**」という図式である。

「課題は何か」と問われているから、最後は、「○○が課題である。」

と締めくくるのが正しい。課題２、課題３も同様の論証パターンだ。この図式を参考にして（１）を論述して欲しい。

ところで、（１）については課題を３つ挙げるのがセオリーだが、唯一、平成28年度の問題２において、「資料を分析し、今後の東京の都市づくりにおいて、長期的な視点で特に重要と思われる課題を一つ挙げ、簡潔に述べなさい」という出題が出た。どう対応するか。こういう場合は、「見かけ上課題を１つ挙げている」という構成にする。

上記の論文を用いて具体的にやると、下記のとおり。

東京の業務・家庭部門における CO_2 排出量は、全体の５割を占める。（資料１）一方で、都内の最終エネルギー消費量は減少しているが、業務・家庭部門での省エネはあまり進んでいない。（資料３）については、省エネルギー対策の更なる推進が**重要**である。

小見出しを削除

「課題」を「重要」に変換

東京の気温は過去100年の間に約3℃上昇し、他都市に比べヒートアイランド現象が顕著である。（資料６）2020東京大会は、暑さの厳しい時期に開催されることから、熱中症などの健康被害の増加が危惧される。ついては、熱環境に配慮した街区の形成が**重要**である。

東京のみどり率について、公園・緑地は５年前の調査よりわずかに増加している。一方で、一人あたりの公園緑地は減少傾向にある。（資料７）については、緑の創出・保全が**重要**である。

以上の分析を踏まえ、今後の東京の都市づくりにおいて特に重要な課題は、環境先進都市の実現である。

課題を一つだけ設定

83

3　論文試験突破に向けた to do

　お分かりいただけただろうか。やったことは、たったの３つである。①小見出しを削除する。②文中の「課題」を「重要」に変える。③小見出しを削った分の行数を用いて最後に題意に対応した課題を１つ述べる。

　小見出しは、それぞれの課題の末尾で同じことを言っているので削除しても情報は欠落しない。削除可能である。課題は１つだけと言っているので、準備していた３つの課題は、「重要」とだけ言い換えておけば良い。そして、最後、総括して見かけ上課題を１つ述べる体裁を採用すれば条件に適合した論述が完成した。

　一見、トリッキーな出題でも、焦ることなく、冷静に**準備した論文を変形・適合させる**ことで、対応が可能である。テクニックとして覚えておいて欲しい。

　続いて、（２）の論述である。（２）は、大きく**①序論、②課題の背景分析、③背景要因を打破する施策、④まとめで構成**する。順番に見ていこう。

　先ずは、①序論である。

1　各課題の背景

　将来世代に良好な環境を引き継ぐためには、経済と環境の調和が取れた持続可能な社会を実現する必要がある。エネルギー効率が高く、環境負荷の少ない都市「スマートシティ」の実現が求められている。しかし、先に述べた課題の背景には、次の３点の問題が存在する。

8〜10行でまとめ

序論は、たいして論文の評価の対象とならないと思う。というか、大体皆同じようなことを書いているので、受験者間で評価に差をつけるのが難しいというのが適切な表現かもしれない。

　ぼくも局の管理職選考勉強会のインストラクターとして、多くの受験者の論文の添削をしたが、みな同じようなことを書いていて、よほど変な内容やおかしな論理展開でない限り、ここで差をつけるということは意識していなかった。

　実行プランや知事の所信表明、依命通達などを参考に、最新の時事を織り交ぜながら**東京の置かれた状況や、なぜ課題に取り組む必要があるのかについて、大局的な視点で述べられていれば問題ない。**

　改めて、ぼくの序論を見て欲しい。ぼくの論述では、「○○のためには、○○という社会を実現しなければいけない。」とした上で、「だけど、先に述べた課題の背景には、次の３点の問題が存在する。」として、課題の背景要因を次に記載することを予告して終えている。

　序論を作成する上で一点だけ注意を要するとすれば、**課題、背景分析、施策を貫く「一つテーマ」について大局観を持って論じているか、**である。もう一度、ぼくの作成した序論を見て欲しい。「環境負荷の少ない都市を実現すること」という、省エネ対策、温暖化対策、緑化対策を包含した「一つのテーマ」について大局観をもって論じている。

　受験者の論文を採点していると、「一つのテーマ」になっていない序論を稀に見かける。例えば、「CO_2排出量の増加と温暖化が進んでいるため、過ごしやすい都市の実現が急務である。また、都内の緑は減少しており、緑の一層の増加が求められている。しかし、先の課題の背景には…」といった具合だ。お分かりいただけただろうか。これは極端な例だが、**結局この論文を通じて実現したい東京は何なのかについ**

85

3 論文試験突破に向けた to do

て、**一言でまとまっていない**。こういう序論だと、3つの課題、3つの背景分析、3つの施策が空中分解し、結局何を実現したいのか、よく分からない、まとまりのない論文となってしまう。この点だけは注意をして欲しい。

ところで、ぼくの論文では（2）は3段構成を採用している。①序論と②課題の背景分析をくっつけているのだ。なぜこの構成を採用したのかというと、**字数を節約するため**である。先ほども述べたように、①序論ではほとんど差がつかない。そうであるならば、なるべく簡潔にして、②課題の背景分析や③背景要因を打破する施策に字数を充てたい。背景分析や施策の論述を厚くすることで、他の受験者の論文との間に差を出そうとしている。

合格するためには、**字数配分も戦略的である必要**がある。なお、**序論は見出しを含めて8行〜10行くらいで書き終える**とバランスが良いと思う。

ここで、ぼくがお勧めする論文のコンストラクションを次ページに示しておく。

論文作成に係る字数配分の参考にして欲しい。

≪参考：論文コンストラクション≫

出題	内容	構成	使用行数	論述パターン
出題(1)	課題の抽出	課題1	6行	1 小見出し 　〇〇という事実がある（資料〇）。一方で、〇〇という事実がある（資料〇）。ついては、〇〇が課題である。
		課題2	6行	2 小見出し ≪同上≫
		課題3	5行	3 小見出し ≪同上≫
計			17行	※ 25文字×17行＝425文字
出題(2)	① 序論	序論	9行	1 各課題の背景 　社会状況→東京の状況→目指す東京の将来像→しかし、先に述べた課題の背景には次の3点の問題がある。
	② 課題の背景分析	分析1	8行	第一に、〇〇が不十分なことである。都はこれまでも〇〇してきた。しかし、〇〇という点は〇〇といった理由からうまくいっていない。そのため、〇〇をする必要がある。
		分析2	8行	第二に、〇〇が不十分なことである。≪同上≫
		分析3	8行	第三に、〇〇が不十分なことである。≪同上≫
	③ 背景要因を打破する施策	リード文	3行	2 課題解決に向けた取り組み 　上記3点の問題を克服するため、都は以下の3点の施策を実施する。
		施策1	15行	第一に、〇〇を実施する。具体的には、〇〇する。また、〇〇する。さらに、〇〇する。 　しかし、〇〇という反論もある。そこで〇〇する。
		施策2	15行	第二に、〇〇を実施する。≪同上≫
		施策3	15行	第三に、〇〇を実施する。≪同上≫
	④ まとめ	総括	9行	3 組織を先導する管理職員として まとめを記載
計			90行	※ 20文字×90行＝1,800文字

3 論文試験突破に向けた to do

続いて、②課題の背景分析である。

第一に、分野によって省エネ化の達成状況に差が見られることである。都はキャップ＆トレード制度の導入などの先進的な取組を実施してきたが、業務部門や家庭部門での省エネ化はいまだ十分ではない。これらの部門では省エネ化の取り組みへのインセンティブが働きづらいとともに、省エネ化を推進するための設備費用が負担となっている。そのため、業務部門や家庭部門での省エネ化を後押しすることが求められる。

第二に、民間建築物におけるヒートアイランド対策が十分でない。都はこれまで、公共施設を中心に保水性舗装、遮熱性舗装、壁面緑化などを推進してきた。しかし、商業施設や民家では費用が高額になることから対策に向けたインセンティブが働きづらい。そのため、民間部門のヒートアイランド対策を後押しする、多面的な支援が求められる。

第三に、緑確保のための取り組みが不十分なことである。都はこれまで、街路樹や公園等の整備により緑を着実に増やしてきたが、都心部での緑の創出は十分とは言い難い。また、都市開発の影響や第1次産業の衰退により、山林の減少や農用地の荒廃が続いている。そのため、緑の創出及び保全に向けた多方面へのアプローチが求められる。

第一文は
簡潔に

既存施策に
一定の評価

既存施策でうま
くいっていない
部分を指摘

うまくいってい
ない「要因」を
指摘

「そのため、○
○する。」で締
めくくる

8行でまとめる

ここの記載は、合否を分ける。課題が生じている理由は何なのか、既存施策で足りない部分は何なのか、どうしてうまくいっていないのかを的確に指摘する必要がある。

ぼくの論文では、第一文で省エネがなかなかうまく進まない背景として、分野によって省エネの達成状況に差があることを指摘している。そして、第二文で都ではキャップ＆トレード制度を導入するなどして省エネ化を推進してきたとした上で、家庭や業務部門では対策が十分でないとしている。第三文では、なぜ家庭や業務部門で省エネが進まないのかの理由について、インセンティブが働きづらく費用も高額になることを挙げている。そして第四文で、だから、家庭部門や業務部門の省エネ対策を後押しする必要があるのだと結論付けている。

つまり、ぼくの参考論文では、第一文で、「○○が不十分である。」として、第二文で、「都はこれまでも○○してきた。」とし、第三文で、「しかし、○○といった事情から、○○がうまくいっていない。」と指摘して、第四文で「そのため、○○を進める必要がある。」という論理構成を採用している。

この構成を採用することで、「既存施策を前提に、それでもうまくいっていない部分にぼくの論文は対応しています。」ということを採点者に猛烈にアピールしている。採点者に、なんだか深い考察がなされたような感覚を引き起こすことを狙っている。また、「既存施策の説明にとどまらず、わたしの創意工夫を盛り込みますよ」ということをこの背景分析の段階から予告し、他の受験者よりも一歩深い考察をしていることをアピールしている。

これに対し、よくある論証パターンとしては、第一文で、「○○が不十分である。」として、第二文で、「背景として、○○がうまくいっていない。」とし、第三文で「また、○○もうまくいっていない。」とし

89

3 論文試験突破に向けた to do

ているケースがある。

　いずれの論理構成が正解かは無いが、よくある論証パターンの論理構成を採用する際に注意を要するのが、「背景要因が複数にわたること」である。つまり、背景要因が複数になるとそれに対応する施策も複数書く必要が出てくる。そうなると、1つの背景要因に対して施策が1つくらいしか書けないため、施策が薄っぺらくなりがちなのだ。ここは注意をして欲しい。

解決すべき背景要因は一つに絞った方が、施策を書く際に深みがでると思う。今言ったことのイメージは次のとおりだ。

＜論証パターンのイメージ図＞

≪よくある論証パターン≫

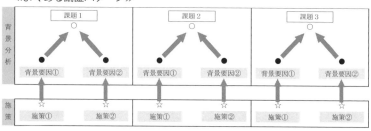

≪ぼくの論証パターン≫

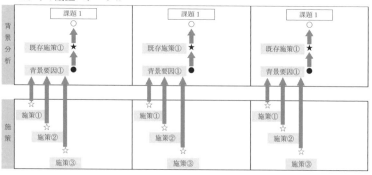

お分かりいただけただろうか。

　よくある論証パターンでは、背景要因が複数となっていることから、その複数の背景要因を打破する施策を、それぞれ、最低でも１つずつ書く必要が生じる。逆に言えば、論文全体の記載量の制約から、１つの背景要因に対して、それを打破する施策を１つ程度しか書けない。それゆえ、施策に厚みが出せないのだ。

　これに対し、ぼくの論証パターンは背景要因を１つに絞っているため、その１つの背景要因を打破する施策を複数書くことができ、施策に厚みを出せる。ここで、他の受験者に差をつけたいと考えているのだ。

　ところで、受験者の中には管理職に論文を見せた結果「流れが悪い」と指摘された方もいるのではないだろうか。実は、ぼくの友人は、上司に論文を見せる度に、「流れが悪い」と言われ続けていた。友人は「流れって何だろう」と嘆いていた。結果、その友人は主任試験の波に何度も流され続け、しばらくの間合格できずにいた。

　ぼく自身も「流れ」とは何なのかよく分からず、試験に合格できない友人に有効なアドバイスができずにいた。ただ、確かに、友人の書く論文は読みづらい感じがしたのだ。

　しかし、主任試験、管理職選考を何回か経験し、そして、局の勉強会のインストラクターを経験する中で、ぼくなりに論文の「流れ」の正体を掴んだ気がするのでみんなに伝えたい。

　結論から言う。**「流れ」**とは、**「文章の分かり易さ」**だ。拍子抜けしたかもしれないが、もう少し詳しく説明する。文章の分かり易さは、ぼくの分析では２つの要素が大きく影響していると考えている。

　１つは、一文の長さと作りだ。一文が長いと読みづらい。理解が難しくなるため、正しい文章であっても流れが悪いと評価される。**なる**

91

べく、１文は修飾を盛り過ぎないシンプルな文章の方が良い。１行20マスの原稿用紙で言うと、１文が３行を超える文章は長いと考えて良い。裁判の判決文なんかは、誤解されないために、独特の表現を用いて修飾語を入れまくって一文がものすごく長くなっている。法律畑出身の人は、こういった文章に慣れてしまっているので、１文が長くなりやすいと思う。気を付けて欲しい。長い文章の読解を採点者に委ねるのは禁物だ。

　もう１つは、論理構成だ。ここで、ぼくがなぜこのタイミングで、突然「流れ」の話をし始めたのかが分かる。もう一度、前掲の＜論証パターンのイメージ図＞を見て欲しい。よくある論証パターンは複線型の論理構成を採用している。論理構成としては正しいのだが、読み手としては**論理展開が複線となるため一定の難易度を感じる**。論文を評価する際、複数の背景要因に、複数の施策がきちんと対応できているのか否かを確認する必要が出てくる。

　他方、**ぼくが採用している論理展開は単線型**だ。課題があり、課題に対する既存施策があり、その既存施策でうまくいっていない状況に対応する施策を展開する。施策を書く段落ではうまくいっていない部分１点に向けて具体策を集中砲火している。極めてシンプルな論理構成だ。**簡単に読める論文を採点者は「流れの良い論文」と評価**する。

　このことは、ぼく自身もインストラクターとして多くの受験者の論文を採点するようになり、実感するところだ。多くの論文を読むと、読みやすい論文ほど評価を高くしたくなる。採点者だって普通の人間で、難しい論理構造に付き合いたくはないことを知っておいて欲しい。

　また、背景分析でよく起こりがちな論証ミスとして、背景を書かなければいけないのに、課題の影響を書いてしまうケースだ。例えば、

課題を「分野によって省エネ対策の達成状況に差が見られること」とし、その背景を「背景として、家庭部門や業務部門でのエネルギー消費は全体の5割を超えている」とするパターン。本来であれば、分野によって省エネ対策の達成状況に差が見られることの原因「家庭や業務部門では省エネに向けたインセンティブが働かない」とか「費用がかかるから対策が進まない」を書かなければいけないのに、家庭や業務部門の対策が進まない結果、ひどいことになっていると書いてしまう。これでは論理が逆であり、背景分析ができていないことになってしまう。注意をして欲しい。

　なお、**背景分析は、数字を使うと説得力が増す**ので、使えるデータを把握している場合は使った方がよい。ぼくの参考論文では「これらの部門では省エネ化の取り組みへのインセンティブが働きづらいとともに、省エネ化を推進するための設備費用が負担となっている。」としているのみで、具体的な数字を示せていないが、例えばこれを、「これらの部門では省エネ化の取り組みへの意欲が2％となっており、省エネ化の改修費用が1世帯あたり約2千万円程度と高額になっている。」の様な形に書き替えられると、採点者に対し「おー、よく研究しているな」といった印象を与えることができる。

3 論文試験突破に向けた to do

そして、③背景要因を打破する施策

2 課題解決に向けた取り組み

　上記3点の問題を克服するため、都は以下の
3点の施策を実施する。

◀ 定型のリード文

　第一に、事業所や家庭における省エネ対策を
強化する。具体的には、中小企業を対象に、
事業所の省エネルギー改修の費用を助成し、助
成後は、定期的な省エネ診断の受検を義務付け
る。また、事業所における省エネの達成状況
をベンチマーク指標により評価する仕組みを作
り、低炭素ビルの評価向上を促す。さらに、区
市町村や企業と連携し、各家庭に省エネの専門
員を派遣し、省エネ診断や節電に対するアドバ
イスを実施する。

◀ 第一文は簡潔に

◀ 「具体的には、」以降に具体策①をセット

◀ 「また、」以降に具体策②をセット

◀ 「さらに、」以降に具体策③をセット

　しかし、個々の事業所や家庭単位では、大幅
な省エネ効果をあげることは難しい。そこで、
新規に地域単位でのエネルギーマネジメントを
進めるために、電気や熱の融通に必要なインフ
ラ整備を推進する。

◀ 予想される反論

◀ 「そこで、」以降に反論に対する具体策④をセット

　第二に、民間建築物や敷地のヒートアイラン
ド対策を推進する。具体的には、住宅では、建
築事業者に対し天井や壁の断熱性能に係る割
り増し費用を助成する。オフィスや商業施設に
おいては、地上空地における保水性建材や芝ブ

94

ロックの使用、外壁の高反射率塗装に係る費用を助成し、路面・壁面温度の上昇を抑制する。また、**新規に**愛・地球博で披露されたバイオラング（大規模壁面緑化）などの先導的な暑さ対策に対する表彰制度を創設し、民間の自主的な取り組みを奨励していく。

創意工夫をアピールするオリジナル施策の前には「新規に、」を付加

しかし、これらの長期的対策では即時の効果は期待できない。そこで、雨水や風呂の水を活用した「打ち水」の実施を呼びかける。また、街中にミスト発生装置を配備し、即効性のあるクーリングスポットを増やしていく。

第三に、緑の創出や保全を一層推進する。具体的には、区部などで団地の建て替えや木造住宅密集地域の改善と併せて、新たな緑やオープンスペースを創出し、都心部の緑を創出する。また、山地や丘陵地など将来に残すべき貴重な自然地を、地元自治体と連携して保全地域に指定し、緑の保護と回復を図る。さらに、農用地に関して、休耕地を所有者から借り上げ、体験農園として整備する。

10行でまとめる

しかし、体験農園を適正に管理できる主体の確保が課題となる。そこで、**新規に**地域のNPO法人などが主体となり、地域密着型農園施設として運営が行えるように、必要な費用の一部を助成することで対応する。

5行でまとめる

ここの記載が最も重要であり、**背景要因を打破する効果的かつ工夫された施策を書けるかが、合否を分ける。**

まず形式的な面から確認していく。背景分析で述べた３つの「うまくいっていない要因」に対応する形で「第一に〜」から順番に３つの対応策を述べていく。第一文は、「第一に〜である。」とまず端的にどういった施策を打つ必要があるのかを１行から２行（20字〜40字）程度で述べる。論文を採点していると、よくこの第一文にいろいろな修飾がつけられて、３行から４行かけて述べている論文も見受けられる。はっきり言って、これはあまりよくない。採点者の視点としては、**課題の背景要因に対して何をするのか端的にはっきりと述べて欲しい**からだ。ダラダラと修飾の多い第一文では、どんな手を打つのかぼやけてしまう。言いたいことが多いのであれば、それは第二文以降にもってこればよい。

そして、第二文で「具体的には、○○する。」としている。ここでようやく、課題の背景要因に対する第一の砲撃（施策）だ。「具体的には、…」と言っている以上、ここには相当程度具体的な施策を述べる必要がある。ありがちなミスは、あまり具体的でない内容を書いてしまうこと。例えば、「具体的には、中小企業の省エネ対策を強化する。」みたいな論述はＮＧだ。全然具体的じゃない。都がどういった施策を打つのか、具体的に想起できる程度の内容を記載する必要がある。そして、第三文で「また、○○する。」としている。課題の背景要因に対する第二の砲撃（施策）だ。第二の砲撃も具体策を述べる。第二の砲撃で注意すべきは、第一の砲撃と**重複感の無い施策を準備する**ことだ。広い視野はここでアピールする。後でも触れるが、できれば、第一の施策とは違う局が主体となって実施している施策が望ましい。そして、第

四文で「さらに、○○する。」として第三の砲撃をする。第三の砲撃には、可能であれば第一、第二とは違う局が主体となっている**少し先進的な施策**を述べると良い。なぜなら、その次の段落で、予想される反論に対する再反論を行うことで、施策の妥当性を述べられるからだ。つまり、第三の砲撃には、先進的ではあるものの未成熟な施策をあえてセットして、次の段落で「しかし、第三の○○の施策には、○○という懸念もある。」として予想される反論を述べ、そのうえで、「そこで、○○する。」と反論に対する再反論を加え、施策の妥当性をアピールする。

先進的だが、未だ施策化できていない施策には、施策化できない何かしらのつまずき、つまり、懸案事項、不安材料、批判があるものだ。その反論に対し、適切に再反論が加えられれば、採点者は「なるほどね」となる。

最初の具体策3つは10行程度でまとめ、予想される反論に対する再反論は5行程度でまとめると、分量としてバランスが良いと思う。合計15行を使って一つの課題の背景要因に対する施策を述べる。

次に、中身の話だが、既存の施策にとどまらず、あなたの創意工夫が求められることから、**創意工夫した施策の前には「新規に…」などの語を用いて、「私が創意工夫した施策ですよ！」を必ず採点者にアピールする必要**がある。これができていない論文は高得点につながらない。創意工夫した施策は、既存施策の延長で考えることもできるが、その際、先ほども述べたが予想される反論に対して、再反論を加えておくと説得力が増す。今後の出題も、このような条件設定は継続すると思う。

どういった条件がセットされるかは分からないが、必ず条件に対応した表現を論文中に入れる必要がある。例えば、「長期的な視点で」だとか「予想される反論に再反論を加えて」だとか、そういった条件が設定された場合には、「長期的には○○」だとか、「この点、○○といっ

た反論が予想されるが、」といった具合に**出題された条件に対応する表現を必ず論文中に入れる**必要がある。

採点者は、論文中のどの部分で出題条件を満たしたかを探すからだ。目印があれば、容易に探せる。

特に、「創意工夫した施策を書いて」という条件の場合、どれが創意工夫した施策で、どれが既存の施策なのか、一読しただけではよく分からない。

前にも述べたが採点者は全ての都の施策に完全に精通しているわけではないと考えるのが賢明だ。これを理解していない受験者は意外と多い。「自分の論文を読んで、一つ一つの施策が既存のものかオリジナルのものかを確認してくれているはずだ」なんて期待していたら大間違いだ。採点者にそんな余裕はないと考えた方が良い。採点者の視点に立ち、採点者に優しい論文に仕上げる必要がある。

また、創意工夫した施策で受けが良いのは「お金のかからない施策」だと思う。例えば、良い取組をした民間事業者を表彰・公表して良い取組を普及奨励するとか。財政負担が無い（あるいは少ない、あるいは歳入がある）施策だと採点者は、「これだったら財政当局も納得して施策化してくれそうだな」と考える。

逆に、単に助成を増やすなどの施策は、「都民の理解が得られるのかな」とか「財源はどうする。これって補助する必要あるのか。他に優先度の高い施策があるんじゃないか。」といった疑問につながりやすい。

施策は、可能な限り局横断を意識する。例えば、「省エネ対策を進める」にあたり、「省エネ診断（環境局）」とか「省エネ設備の整備費用を助成する（環境局）」とかだけじゃなくて、「区市町村との連携（総務局）、企業との連携（産業労働局）」、「地域単位でのエネルギーマネジメント（都市整備局）」といった**局横断的な施策を盛り込むと「視野が広い」**となっ

て評価につながりやすいと思う。

　逆に、同じような施策を羅列すると、視野が狭いとなってしまうだろう。例えば、「省エネ化に向けた改修費用を助成する。また、各家庭にLED電球に変えるための費用等を助成する。さらに、コージェネレーションシステム導入費用を補助する。」みたいなのは、なんだかどれも似たような補助金施策であるため、論文としての面白みがなく、高評価につながりにくいと思う。並べる施策は毛色の違うものが望ましい。

　「広い視野」という時に陥りがちなミスが、実行プランなどに記載される目玉施策を羅列することだ。

　例えば、「広い視野か。なるほど！」と思って、省エネ化について「じゃ、キャップ＆トレード制度と省エネ診断と省エネ改修費用の助成と時差勤務も必要だな。盛り込もう！」となってしまうことだ。これらの施策を全て書き並べようとすると、背景要因の方を「省エネ対策が社会全体的に進んでいない」といったものにしないと論理展開がおかしくなってしまう。

　しかし、背景要因をぼかしてしまうと、論点がぼけてしまい、何が問題なのかよく分からない。結局、「この人はよく分かっていないな」と評価され、高得点は望めなくなってしまう。

　今でこそ、こんなに偉そうなことを言っているが、ぼくがかつてやった過ちだ。当時ぼくは、「とにかく目玉施策をふんだんに盛り込まないと論文は評価されない、加点されない」と誤解していた。そこで、実行プランに記載されている新規施策を幅広く論文に盛り込み、そこから逆算して、課題の背景要因を記載することで、論理展開のつじつまを合わせることに注力していた。

　こうして書いた論文の結果は「C」だ。課題の背景要因は、ぼんやりとしており、何が問題なのかよく分からない論文となってしまっていたからだ。

「広い視野」は目玉施策の網羅ではなく、限られた論点（背景要因）に対して、複数の局が絡んだ多角的な施策でアピールする必要がある。その意味で、論点（背景要因）は絞り込んだ方が得策である。

また、予想される反論に対する再反論を加える部分だが、ここで起こりがちなエラーについてまとめておく。この部分は、既に述べてきた三つの施策に対する予想される反論を記載するが、受験者の論文を読んでいると、そうなっていない論文も見かける。

第一から第三で述べてきた施策と全く無関係な課題を「もっとも、○○も問題だ」みたいな形で新規にセットしてしまうのだ。

なぜこうした事態が起きるかというと、述べたい施策が4つあるからだ。第一から第三で述べてきた施策のほかにも、第四の施策を入れたい場合、第四の施策を論文中にセットする妥当性を説明しなければいけない。だから、「もっとも」以降に第四の施策を必要とする新規の課題（論点）をセットするのだ。

この気持ちはよくわかる。ぼくも同じことをよくやっていたからだ。しかし、ここは、既に述べてきた3つの施策を実施するにあたり、出てくる障害や穴について触れるようにした方が良い。その方が論述に、施策に、深みが出る。苦しい場合には、新規の課題をセットして第四の施策を書いても良いと思うが、できれば避けたいところだ。ぼくの参考論文も可能な限り、既に述べてきた3つの施策を実施するにあたり生じるのであろう障壁に対するソリューションを第四の具体策にしていると思う。

ところで、具体策というときに、相当程度に具体的でなければならないと言ったが、**論文全体で見た時の具体の程度**について最後に触れておきたい。次の図を見て欲しい。論文コンストラクションの課題1、分析1、施策1だけを抜き出したものだ。

≪コンストラクション抜粋：課題、分析、施策≫

出題(1)	課題の抽出	課題1	6行	1 小見出し 　〇〇という事実がある 資料〇）。一方で、〇〇という事実がある 資料〇）。ついては、A〇〇が課題である。
出題(2)	課題の背景分析	分析1	8行	第一に、〇〇が不十分なことである。都はこれまでも〇〇してきた。しかし、〇〇という点は〇〇といった理由からうまくいっていない。そのため、B〇〇をする必要がある。
	背景要因を打破する施策	施策1	15行	第一に、C〇〇を実施する。具体的には、D〇〇する。…

　　〇〇の部分に注目して欲しい。この〇〇の部分は、「課題の抽出」→「課題の背景分析」→「背景要因を打破する施策」の順番に「抽象」→「具体」になっていかなければいけない。

　ぼくの参考論文を抜き出したイメージは次のとおりだ。絶対に参考にして欲しい。

	参考論文
A〇〇	省エネルギー対策の更なる推進
B〇〇	業務部門や家庭部門での省エネ化を後押しする
C〇〇	事業所や家庭における省エネ対策を強化する
D〇〇	中小企業を対象に、事業所の省エネルギー改修の費用を助成し、助成後は、定期的な省エネ診断の受検を義務付ける

抽象 → 具体

　これが意識できていない論文は、読んでも読んでも話が具体的になってこないため、採点者に「受験者も課題に対してどう取り組んで良い

のか分かっていないのかな」といった印象を抱かせてしまう。これは、あらゆる論文の基本だが、意外と分かっていない受験者は多いのではないだろうか。**抽象論→具体の流れは必ず意識する**ようにして欲しい。

また、施策を書く時の文章の作りについても触れたい。ぼくの書いている施策でも徹底されているわけではないのだが、施策の末尾に効果を端的に書くと、読み手の理解が進む。

例えば、「事業所における省エネの達成状況をベンチマーク指標により評価する仕組みを作り、低炭素ビルの評価向上を促す。」の部分のように、「○○施策を実施し、○○という良い効果を出す」という作りにすると、読みやすい文章になる。

逆に、「○○という良い効果を出すため、○○施策を実施する。」という作りにすると、なんだか文章が締まらない。例えば、「低炭素ビルの評価向上を促すため、事業所における省エネの達成状況をベンチマーク指標により評価する仕組みを作る。」といった具合だ。なんだか、しまっていない感じがするのが分かるだろうか。この点は、テクニックとして知っておいて欲しい。

最後は、「まとめ」だ。

3 組織を先導する管理職員として

東京は日本の頭脳部・心臓部として、我が国全体の環境行政を先導し、スマートシティを体現していく責務がある。

私は管理職として、環境対策などの施策を通じ、豊かな都民生活の実現に向けて全力で取り組む所存である。

しめくくり

9行でまとめる

ここは、全ての受験者が同じように書いている部分だと思う。「東京は、スマートシティを体現していく必要がある」だとか、「管理職として良好な都市環境の実現や豊かな都民生活の実現に向けて全力を尽くす」だとか、そういった形で締めくくられることが多い。

　ぼくも論文を採点する中で、ここの記載の評価は、あまり意識をしていない。きちんと**論文が総括されて締めくくられていれば問題ない。**

　逆に、全く書かないのは少し問題だ。というのは、論文に尻切れトンボのイメージを抱かせてしまうからだ。やはりシメはあった方が良い。

　管理職としての決意表明が要るかどうかは、疑問である。

　有っても、無くても、評価にはプラスにもマイナスにも作用しないものと思われる。これまでの論述を踏まえ、それを総括する内容になっていれば問題ない。

3-6 分析結果を踏まえ論文を書く

　ここまでこれば、合格レベルにある論文を作成するために必要な作業は、半分まできたと思って良い。**何が評価される論文なのかを理解することが肝だからだ。**

　ぼくの論文を分析することで、評価される論文が何なのかを読者のみんなは理解できたと思う。ここからは、皆さんが実際に論文を執筆していく番だ。

　実際にパソコンで論文を執筆していくあたり、ワードファイルを用いると思うが、可能な限り、本番と同様の文字数・行数を設定しておくことが望ましい。

　そして、論文執筆の分量は必ず、各セグメント（序論、背景分析、施策、まとめ）ごとに把握しながら執筆すること。

　何を題材にするか。もちろん、本章の３－３で予想した出題される可能性の高い題材で論文を準備していく。おさらいを含めて順番に見ていこう。

　先ずは、（１）だ。資料から課題を抽出する。

　だが、準備段階では当然資料は無い。どうするか。

　結論としては資料など要らない。前述したとおり、各資料は明確な意図（受験者に抽出して欲しい課題）を持って出題されている。**とすれば、どんな資料が出るかを予想して論文を準備するのではなく、受験者に抽出して欲しいと思われるような課題は何かを予想して論文を**

準備するのが合理的だ。

　そして、受験者に抽出して欲しい課題とはつまり、**実行プランや重点政策方針に記載されている課題**であることは述べた。

　例えば、セーフシティの分野から出題されるだろうと予想したのであれば、受験者に抽出して欲しい課題は、「1　地震に強いまちづくり」「2　自助・共助・公助の連携による防災力の向上」「3　豪雨・土砂災害対策」「4　まちの安全・安心の確保」だ。

　これらの課題を抽出できる資料データが出題されることを前提に、準備しておけば良い。例えば、次のとおりだ。

3 論文試験突破に向けた to do

1 地震に強いまちづくり

東京湾北部を震源とするマグニチュード 7.3 規模の直下型地震が発生した場合、死者約 9,700 人、建物被害約 30 万棟などの甚大な被害が想定されている。また、災害被害の具体的イメージに地震を挙げる住民は 80.4％と多い。ついては、地震に強いまちづくりが課題である。

2 自助・共助・公助による防災力の向上

東京湾北部を震源とするマグニチュード 7.3 規模の直下型地震が発生した場合、死者約 9,700 人などの甚大な被害が想定されている。また、帰宅困難者数は 517 万人にのぼると推計されている。ついては、自助・共助・公助による防災力の向上が課題である。

3 豪雨対策の強化

東京では、時間 50 ミリを超える豪雨が増加傾向である。また、平成 27 年の台風 18 号により区部で 21 件の浸水被害が生じ、同年に発生した集中豪雨により多摩川が氾濫した。ついては、豪雨対策の強化が課題である。

4 まちの安全・安心の確保

パリにおける同時多発テロの発生等、今まで以上にテロの脅威は現実のものとなっている。また、未成年を狙った誘拐など、都民生活に不安を与える犯罪は撲滅していない。ついては、まちの安全・安心の確保が課題である。

資料が無いのに、どうやってデータを記載したのかについてだが、抽出して欲しい課題を裏付けるデータを都の各局のホームページや各種計画から引用した。

メジャーなデータはそのまま資料として出題される可能性もあるので、各局のホームページと最新の計画は押さえておいて欲しい。ただし、先ほども述べたが、資料そのものを当てる必要はない。抽出して欲しい課題さえ当たっていれば、本番ではその課題を導出できるデータを任意に抽出して記載すれば良いからだ。

　資料までを完全に当てるのは不可能だし、当てる必要もない。本番では、出題された資料から読み取れるデータを記載すれば良い。

　以下に（1）を論述する上でのポイントを示しておく。

≪ point ≫
① 　6行、6行、5行の体裁を守る
② 　小見出しを設定する
③ 　「○○という事実がある。一方で○○という事実がある。ついては、○○すべきである。」の論述パターン
④ 　抽出データは数字を用いて説得力を強化
⑤ 　抜き出したデータの末尾に（資料○）を明示

　次に（2）の序論だ。準備段階では、セーフシティが出ると予想しているので、それを前提に作成する。ただし、セーフシティの何が出るのか、つまり、地震対策なのか、豪雨対策なのか、治安対策なのかは分からない。したがって、**ここの序論はどの課題が出ても対応できる内容を準備**しておく。本番では、何も考えずに準備し、暗記した序論を書き写せば良い。

　例えば、次のとおりだ。

3 論文試験突破に向けた to do

> 1 各課題の背景
>
> 　防災対策、治安対策は、「都政への要望」調査で常に上位となっており、都政の重要課題である。安全・安心は、都民の希望と活力の大前提であり、生命・財産が守られない都市に今後の発展はない。そのため、東京は都民・国民の生命・財産を守り、誰もが安全と安心を実感できるセーフシティを実現する必要がある。しかし、先に述べた課題の背景には、次の3点の問題が存在する。

ここのポイントは次のとおり。

≪ point ≫

① 小見出しを付けて、9行〜10行で記載

② なぜセーフシティを実現する必要があるのかを大きな視点から端的に記載

③ 「しかし、先に述べた課題の背景には次の3点の問題がある。」として、次に論述する背景分析を予告して終える。

続いて課題の背景分析だ。

　先ほど、（1）で想定したすべての課題に対し背景分析を準備しておく。セーフシティにまつわるどの課題が出題されても対応できるようにするためだ。前項でも述べたが、各問題で設定される課題は4つ程

度だと推察される。4つのうち3つ当てることができれば、本番では準備していた背景分析をそのまま活かすことができる。

例えば次のとおりだ。

第一に、建物の耐震化が不十分なことである。直下型地震の阪神・淡路大震災では、建物の倒壊が相次ぎ、圧死・窒息死等が死因の約8割を占めた。都はこれまでも耐震診断や改修工事への助成等を実施してきたが、分譲マンションや特定沿道建築物などにおいて旧耐震基準の建物がいまだに多数存在している。そのため、建物の耐震性の確保が求められる。

第二に、帰宅困難者対策が不十分なことである。都は帰宅困難者対策ハンドブックを作成し、一斉帰宅の抑制や3日分以上の備蓄について周知を図ってきた。しかし、受入れスペースの確保や備蓄品購入費用などが負担となり、帰宅困難者の一時滞在施設が約92万人分確保できていない。そのため、一時滞在施設の確保が求められる。

第三に、豪雨対策が不十分なことである。都はこれまでも、区部時間75ミリ、多摩時間65ミリを前提とした降雨対策を講じてきた。しかし、中野区・杉並区では時間75ミリを超える豪雨も頻発している。また、多摩は区部に

比べ24時間あたりの雨量が多いという降雨特性がある。そのため、地域・流域に応じた豪雨対策の強化が求められる。

第四に、治安対策が不十分なことである。都は、テロ対策東京パートナーシップ推進会議などによる官民一体となった取り組みを進めてきた。しかし、爆弾テロなどの具体的な脅威への対策は十分とは言い難い。また、地域社会における繋がりの希薄化が、犯罪を抑止する監視機能を低下させている。そのため、治安対策の一層の強化が求められる。

ここのポイントは次のとおり。

≪ point ≫

① 1つの背景分析を8行程度で記載

② 第一文、「第一に〇〇が不十分である。」と1～2行で簡潔に記載

③ 第二文で、「都はこれまでも〇〇してきた。」とこれまでの都の取組みについて一定の評価を示す

④ 第三文で、「しかし、〇〇といった事情から、〇〇がうまくいっていない。」と現状の不具合（背景要因）について指摘

⑤ 第四文で「そのため、〇〇を進める必要がある。」と締めくくる

⑥ 背景を数字で示せる場合には、数字で示し説得力を増す

⑦ 背景要因はなるべく論点をしぼり、次に記載する施策に深みが出るようにする

ところで、読者の中には背景分析を苦手とする人が一定数いると思う。そういう方は、往々にして真面目だ。

なぜかと言うと、ある問題が生じている「原因」を背景分析では書かなければいけないが、「原因」の特定は通常容易では無いからだ。

問題となっている社会現象の原因を突き止めるのは専門家でも難しい。

しかし、上記の参考論文を見て欲しい。「原因」がある程度判明しているものはそれを記載しているが、判明していないものは「原因」の代わりに「現状」を書いている。つまり、ぼくの論理構成を採用すると、原因はなんだかよく分からないけど、現状の都の施策では対応できていない社会状況について対応する必要があるとしていて、現状だけで、背景分析を終えることができる。

読者の中には、「さっき、ありがちな論証ミスとして課題の影響を書くパターンを紹介し、論理が逆だと言ったじゃないか。自己矛盾だ。」と指摘する人もいるだろう。その指摘は正しい。

しかし、論文の採点者からすると、既存の施策を踏まえ、それに対応できていない部分（現状）を新たな施策で補おうとすることは、行政対応としては正しいとの認識から、きちんと背景分析ができたと評価してくれる。原因がきっちりと掴めない場合でも、ぼくの論証パターンは有効だということを述べたかった。

とはいえ、やはり原因を特定できている論文の方が説得力は増す。では、原因はどうやって突き止めるのか。各局のホームページに飛び、**調査結果や検討会議の議事録などありとあらゆるデータに当たる。**

場合によっては、他県の調査結果や有識者の研究論文、国の審議会や検討会議の議事録にあたる。この作業は非常に時間がかかるし、大変な作業だが、説得力のある、他の受験者と一歩も二歩もリードする

3 論文試験突破に向けた to do

論文を書くため、力を入れたいところだ。頑張ってほしい。

　続いて具体的な施策だ。

　先ほどから準備をしている、①耐震化、②帰宅困難者対策、③豪雨対策、④治安対策についてそれぞれ準備をする。

　「課題－背景－解決策」の一連の塊を一つの問題テーマに対して４つ～５つ準備できれば、試験本番でも外すことはまずないだろう。

　２　課題解決に向けた取り組み

　　上記３点の問題を克服するため、都は以下の３点の施策を実施する。

第一に、建物の耐震化を推進する。具体的には、住民間の合意形成が難しい分譲マンションについて、居住者に対する被害想定の周知や助成制度の PR を強化する。また、緊急輸送道路沿道に建築されている家屋や学校、災害拠点病院等を中心に、耐震化への相談や技術的助言を行うためのアドバイザーを派遣する。さらに、耐震改修が行われた建物への固定資産税・都市計画税の減免措置を行い、耐震改修を促していく。

　しかし、高齢者にとっては、改修工事に伴う一時的な住み替えが負担になる懸念がある。そこで、サービス付き高齢者向け住宅等の高齢者施設への一時的な入居に対する助成を行うことで対応する。

112

第二に、帰宅困難者の受入場所の確保を推進する。具体的には、区市町村と帰宅困難者受入協定を結んだ事業者に、食料、寝袋等の備蓄品購入費用を補助する。また、新宿などのターミナル駅周辺において、受入スペースや非常用発電機の整備費用を補助する。さらに、帰宅困難者用の備蓄倉庫の固定資産税・都市計画税を減免し、受入場所を確保する。

もっとも、一時滞在施設では、女性への配慮が欠かせない。そこで、受入事業者に女性アドバイザーを派遣し、女性と男性の滞在場所の分離や、授乳スペース・女性用トイレの確保について助言を行い、性別に配慮した滞在施設の運営を促していく。

第三に、地域・流域別の豪雨対策を強化する。具体的には、区部では、神田川環状七号線地下調節池と白子川地下調節池を連結し、時間100ミリの豪雨に耐えられる広域調節池を整備する。多摩部では、森林や農地の雨水流出抑制果を定量的に評価し、森林等が持つ雨水の貯留・浸透機能を保全する。さらに、浸水予想区域図の周知徹底を図るとともに、東京アメッシュと国のレーダーとの連携による高精度な降雨情報をツイッターで配信し、早期の避難行動を促していく。

もっとも、多摩部では降雨が長時間にわたる特性から、土砂災害発生の危険性が高い。そこで、土砂災害警戒区域の指定を速やかに完了し、建物の移転・構造規制や開発行為の許可制を導入して、土砂災害を未然に防ぐ。

第四に、治安対策を強化する。具体的には、大規模テロ発生時の初動体制の充実、強化を図るため、警察、消防、医療機関等が連携した共同訓練を実施する。また、爆発物原料販売事業者と警視庁との情報共有ネットワークを構築することで、爆発物製造事案を早期に把握する。さらに、通学路への防犯カメラの設置や町内会・ボランティアと連携した地域のパトロール活動に係る費用を支援し、地域の見守り体制を強化する。

もっとも、近年は、インターネットが日常生活の一部となり、サイバー空間が犯罪の温床となる場合もある。そこで、専門捜査員の知識・技術を向上させる教育・訓練を実施する。また、インターネットプロバイダに対し、違法行為を助長するサイトの削除要請を行う。

施策は、どのように立案すれば良いのか。施策に関して言えば、実行プランなどのメジャーな政策が載っているものは、あまり参考にならない。というのは、それらの施策は知識として知っておく必要があ

るが、それをそのまま記載しても大して評価につながらないからだ。

　実行プランに載っている施策は多くの受験者が同じように書いていると思われる。それをどんなに上手に、簡潔に、分かり易く書いたとしても、評価の差はたかが知れている。

　抜きんでて評価される論文は、王道の課題に対して、実行プランなどで目玉事業とはなっていないものの、**局の事務担当であれば知っている地に足のついた少しマニアックな施策**だ。そういう施策にどう辿り着くか。そこが問題だ。

　ぼくの手法は、先ず各局のホームページから当たる。すると、そこから各局が作成している個別の計画が出てくる。次に、その計画に記載されている施策を実施する前に開かれた審議会や検討会議の資料が出てくる。そういった、「知っている人は知っているけど、少し深く調べないと出てこない現実的な施策」を論文に書くのだ。こういう施策は他の受験者とかぶらない。

　さらに、審議会や検討会議の有識者の発言などを足掛かりに、キーワードで検索を進め、国の施策や先進的な他自治体、諸外国の施策に辿り着く。

　有識者の最新の研究論文なども参考にできれば最高だ。先進的だが、コンセンサスや予算の問題、事務局の意向、関係団体の意向から施策化できていない政策案を自分のオリジナルの新規施策としてリバイスし、論文に具現化する。そういう施策はいっぱいある。

　審議会や検討会議の事務局を経験した人なら分かるだろう。

　大学教授やその道の専門家を集めて、審議会や検討会議を開催し、そういった方々から、極めて先進的かつ抜本的な施策を提案してもらったものの、関係団体の理解が得られないだとか、他県との連携が難しいとか、予算が付かないなどの事情から施策化できていないものは山ほどある。

115

3 論文試験突破に向けた to do

こういったものをヒントに、都の意向に沿った形で自分の施策として論文に打ち出すのだ。完全にオリジナルな施策を自分一人で一からひねり出すのは至難の業だ。

ただし、新規施策を打ち出すとき、一つだけ注意をして欲しいのは、あまりに現実とかけ離れた施策（実現可能性の低い施策）は評価されない可能性が高いということだ。採点者に「なるほど。」と思ってもらうためには、あくまで都の方向性に沿った施策でなければならない。

また、既存施策と新規施策のバランスにも注意をして欲しい。オリジナルの新規施策ばかり並んでいても、採点者は「なんだか浮足立った施策ばかりで地に足が着いていないな」となってしまう。

王道の既存施策も必要なのだ。既存と新規のブレンドは、6：4〜7：3がベストだ。既存と新規のベストミックスが合格の鍵だと思う。

≪ point ≫

① 「第一に〇〇する。」は端的に1行から2行で述べる

② 「具体的には、〇〇」は施策のイメージができる程度に具体的に述べる

③ 具体策は、3つ用意する。局横断を意識し、重複感の無い施策をセットする

④ 予想される反論に対する再反論を加え、施策の妥当性をアピール

⑤ 再反論には、第三までの施策を補完する対策をセットする

⑥ 創意工夫した施策の前には「新規に」などの語を用いて、自ら創意工夫した施策であることをアピールする

⑦ 施策のヒントは、各局のホームページや計画を基本に、審議会や検討会議、国の施策、他県の取り組み、研究論文等も広く参酌する

最後に、〆のまとめを示す。

3 組織を先導する管理職員として
　東京は日本の頭脳部・心臓部として、誰もが安全と安心を実感できるセーフシティを実現する責務がある。
　私は管理職として、災害対策など都民の安心と安全を守る施策の実現に全力で取り組む所存である。

これで、論文は完成だ。

3 論文試験突破に向けた to do

3-7 論文を管理職に見てもらい、 必要な修正を施す

　一通り、論文が書けたら、**誰かに見てもらった方が良い**。できれば、管理職にお願いするのが良い。管理職は管理職選考を突破しているのだから、有意義なアドバイスをもらえる可能性が高い。中でも、種別Ａの管理職がベストだ。また、なるべく若い管理職の方が良い。というのは、現行の試験制度に精通している可能性が高いからだ。試験制度は、経年変化し、同時に評価される論文のポイントも変化していく。その意味で、ぼくのこの書籍も、更新されなければおそらく活用できるのは３年程度だろうと予想している。それくらい、試験制度の変遷は早い。昔の採点基準や視点で論文の出来を評価されても、実はあまり参考にならないのだ。

　ぼくが局の勉強会のインストラクターを担った時は、ぼく自身が勉強会受講者の論文の採点にあたっていたが、種別Ａの管理職にぼくが採点した論文と同じ論文の採点を依頼し、採点に客観性と現役管理職の視点を入れられるよう工夫をしていた。

　その方が受験者にとって有益だと考えていたからだ。

　こんなことを述べながら、実は、ぼくは試験のために準備していた論文を誰にも見てもらっていない。別に、誰の力も借りずに自分だけの力で合格できたことを自慢したいわけじゃない。

　ぼくが合格できたのは、先ほどからずっと述べてきたとおり、**合格**

118

論文を入手し、合格論文を分析し、分析結果に忠実に論文を作成した
からだ。つまり、合格に最も近い論文を入手し、手を加えて再現でき
たのだから、見てもらわなくても大丈夫だろうという自信があった。
合格論文の分析が完璧に行われ、その分析結果を忠実に守る論文が作
成できていれば、合格できるということを実証した。つまり、前項ま
での準備で、論文は9割完成しているといえる。

　しかし、ぼくとしても、やはり見てもらえるのであれば見てもらい
たかったというのが正直なところだ。セルフチェックだけでは、本当
に読みやすい論文となっているか、レベルの高い論述となっているか
不安だったからだ。

　結果として合格はしたが、やはり事前に、できれば、Ａ選考の管理
職に見てもらいたかった。でも、近くの管理職で誰がＡ選考の管理職
なのか分からなかったし、普段から忙しそうにしている管理職にそれ
を言い出す勇気もなかったというのが実際のところだ。

　だから、ぼくが局の勉強会のインストラクターになった際、局内の
Ａ選考の管理職に見てもらえる制度を作ろうと思った。局内の受験者
は、インストラクターであるぼくに論文を提出しさえすれば、あとは
自動的に局内のＡ選考の管理職が採点し、手元に論文が返却される。
みんなの需要に応える制度を作れたと自負している。もし、ぼくが受
験した時もこの制度が局内に有ったら、絶対に活用していた。

　この制度を作った時、ぼくは、同じ職場の職員からは「インスト
ラクターの仕事が面倒だから、論文採点を局内の管理職にお願いし
ているのでは」と思われていた。全然違う。既に試験を突破してい
る管理職の採点にこそ、意味があると考えたから、この仕組みを作っ
たのだ。

119

3 論文試験突破に向けた to do

　少し前置きが長くなったが、以下では、管理職に論文の採点をお願いする手法や採点結果への対応について留意事項を述べていく。

（1）　どの管理職に採点をお願いするか

　先ず、どの管理職に採点をお願いするかだ。先ほどA選考の管理職にお願いすると良いと述べたが、往々にして誰がAかは不明なため、先ずは直属の課長にお願いするのが妥当だ。

　なぜなら、直属の課長は管理職選考を受験するにあたり、様々な調書を局の人事担当を通じて人事委員会に提出する立場でもあるからだ。これは、論文採点者として適任というだけではなく、「管理職選考の準備を頑張っておりますので、応援よろしくお願いします」という意味でも有効という意味だ。管理職選考に合格するためには、この程度のしたたかさは必要だろう。

　次に、可能であれば、Aに合格している若手の管理職に採点をお願いできるのであればして欲しい。理由は、先に述べたとおりで現行の試験制度に精通している可能性が高いからだ。有効なアドバイスが得られる可能性が高い。もし、誰がA選考の管理職なのかよく分からない場合には、直属の課長以外に、もう一人くらい若手の管理職に採点をお願いするのがベターだ。二つの採点結果があればそれを見比べて、同様の指摘がされている部分は確実に修正が必要な部分と判断できるからだ。

　勇気を出してお願いしてみて欲しい。

（2）　採点結果をどう受け止めるか

　次に、採点結果をどう受け止めるかだが、よくある一般的な論文対

策の本には、「指摘は素直に受け止め、書き直すべきだ」とある。これは正しいが、少し工夫をして欲しい。具体的には次のとおりだ。

① ≪合格論文の分析から抽出したルールに反する指摘は無視する。≫

　これは絶対だ。合格論文の分析から抽出したルールは、この世で一番正しいと思って欲しい。そのルールで現に合格しているからだ。逆に言えば、これに反する全ての指摘は正しくない。強い意志を持って、無視してかまわない。

② ≪抽出したルール以外の指摘は基本的には真摯に受け止め、修正を検討する≫

　これも実行して欲しい。ぼくは、人から指示されるのが大嫌いで、自分が一番正しいと思うタイプであるため、主任試験の時は、論文を他人に見せても全く修正を検討できなかった。

　でも、それは大間違いだ。局の勉強会で採点する側になって感じたのは、論文の採点にはそれなりの時間と労力をかけているということだ。

　採点者は「真に改善すべき」と思う部分についてしか指摘をしていない。2,000字程度の1本の論文をコメント付で採点し終えるのに、大体2時間程度かかる。採点者は本気で採点に臨んでいる。そこから導き出される指摘は、やはりまともな指摘が多いと思う。

　ぼくのようなタイプの人間であったとしても、やはり、一度は指摘を真摯にうけとめて修正を検討すべきである。既に試験に合格している先輩からの指摘なのだから。

3 論文試験突破に向けた to do

③ ≪2人の管理職の間で指摘が矛盾した場合、自分が納得する指摘を採用する≫

　2人の管理職で指摘が矛盾した場合、受験者としてはどちらが正しい指摘なのか迷ってしまうというのはよくある話だ。それだけ、採点にも若干のブレがあるということだ。

　しかし、指摘が矛盾する個所というのは、実はそれほど論文の評価という面で重要な指摘ではないことが多い。というのは、良いとされる論文とそうでない論文は、採点者の間で実はそれほど認識の差が無いからだ。これは、ぼくのインストラクターとしての経験から言えることだ。

　ぼくが採点した結果と他の管理職が採点した結果は、点数の差や指摘の箇所の違いはあるかもしれないが、採点した論文間の標準偏差で見た場合（論文の高評価、低評価の順位で見た場合）近似していた。インストラクターはもう一人いたが、その採点結果も同様だった。

　以上のことから、指摘が矛盾する程度の箇所は、自分が納得できる方の指摘を採用すれば問題ない。

（3）　採点結果を踏まえ、何をするか

　合格論文の分析とそのルールに則った論文が作成できていれば、採点結果がそれほど悪い結果になるとは思えない。

　あまりに悪い結果が出たとすれば、合格論文の分析やそのルールに基づく論文作成がきちんとできていない可能性がある。反省してそこからやり直す必要があるだろう。

　合格論文の分析結果に基づくルールに反する指摘以外の指摘は、基本的には真摯に受け止めて修正を検討すべきだというのは先ほども述べた。

ここで一つの教訓を示したい。ぼくが大切にしている行動指針だ。読者のみんなにも響けば幸いだ。

- 三流は何もしない。
- 二流は自己流で何かをしようとする。
- 一流は超一流の人のやり方を自分でアレンジして何かをしようとする。
- 超一流は超一流の人のやり方をそのまま採用する。

（4）　2回目の採点のお願いは必要か

1回目の採点結果をふまえて書き直した論文を再提出すべきか。

これは、**再提出しても良いが、マストではない**と思う。というか、出しにくい。なぜなら、1回目の採点の指摘をそのまま全て採用して修正しているのであれば、提出しやすいが、採用していない部分も生じるからだ。指摘したのに修正しなかった場合、「なぜ修正しなかったのか」と思われてしまう。

よく分かっている管理職であれば、「これは納得できなかったから修正しなかったのだな」と理解を示してくれると思うが、そうでない場合、「未だ良くなっていないな。指摘をちゃんと理解しているのか」といった疑念につながるかもしれない。

こういった事情から、2回目の採点は、できるようであればしても良いが、無理してする必要はない。つまり、マストではないと思う。別の管理職に見せても良いと思う。

3 論文試験突破に向けた to do

3-8 作成した論文を暗記し、
アウトプットする

　前項までで、論文は完成だ。後は、それを本番で出し切るための準備をしよう。暗記（インプット）とアウトプットの手法については、人それぞれやり方があると思うが、ここでは、ぼくの手法を参考に紹介したい。

（1）　暗記（インプット）の手法について

　先ず、暗記（インプット）についてだ。

　実は、論文を作成する中で何度も何度も文章を推敲することにより、一つ一つの文章は脳に刻まれている。知らない間に暗記をするための素地のようなものが脳内に出来上がっているのだ。

　だから、ぼくは、準備した論文をＡ４に２アップし、それを折りたたんで、通勤電車の中で眺めることで暗記を行った。暗記が苦手なぼくでも１か月くらいこれを毎日繰り返すことで、４つくらいのテーマの論文（3,000字×４）を完全にインストール（インプット）できた。みんなもこれを繰り返せば、余裕でインプットできるだろう。

　巷で聞いたインプットの手法としては、レコーダーを買って論文を音読・録音して、それを毎日聞いて暗記したという手法がある。

　ぼくは試していないが、そういう手法に向いている人もいるようだ。

　「電車の中でプリントを広げて論文を暗記するのが恥ずかしい」とい

124

う人は、スマートフォンにワードファイルをダウンロードし、携帯画面で毎日隙間の時間に論文を確認し、暗記する手法もある。

いずれも、**暗記は細切れの隙間時間に行えるようにしておく**というのがポイントだ。

ただ、ある実証実験では、液晶画面で勉強するよりも紙で勉強した方が記憶の定着が良かったという研究結果もある。だから、可能であればぼくのように紙に２アップにして、それを毎日通勤途中などに確認して暗記した方が効果が高いと感じている。参考にしてみて欲しい。

（2） アウトプットについて

論文はインプットとともに、アウトプットができないと意味がない。人間はコンピューターではないので、インプットが完了していれば、アウトプットは基本的には難なくできる。脳で記憶した内容を手で書くだけからだ。だた、アウトプットを意識的に行うことで、インプットをより強固なものにできるので、そのためにアウトプットを行って欲しい。

ぼくのやり方は、**パソコンでひたすらタイピングをしてアウトプット**した。声に出すという方法もあるが、タイピングが一番合っていたと思う。タイピング結果が文字として現れるため、アウトプットの具体的な結果を視認できるからだ。

一方で、よくある論文対策では、どんな論文でも一回は手書きで書いた方が良いと教えられる。だが、2,000字近くの論文を4本用意し、それを全て手書きしていたら時間がいくらあっても足りない。試験を迎える前に、手も筋肉痛になるだろう。はっきり言う。時間と体力の無駄だ。**手書きは、自分の書くスピードと試験の時間配分の感覚を掴**

3 論文試験突破に向けた to do

むためだけに直前期にどれか一つの論文で一度やれば十分だ。

　もう一つ、手書きの効用として大きなものが「意外と書けない漢字を発見し、書けるようになる」だ。確かにこの効用は無視できない。せっかく完璧に文章を暗記しても当日に漢字が出てこないなんて残念すぎる。だから、タイピングをしながらその横にノートを置いて、**書くのが難しそうな漢字が出てきたら、その漢字だけをノートに書いて練習すれば良い**。これだけで十分だ。二字の漢字の熟語を書くくらいなら大して時間も取られない。

　もう一度確認するが、アウトプットはタイピングを用いて行い、難しい漢字だけを手書きする手法でもってアウトプットを完了する。

　もし、全てを手書きしなければいけないと思っている真面目な受験者がいたとしたら、その呪縛を解くことができれば幸いだ。

3-9 論文試験当日における 心構えと対応

　本項では、論文試験当日における心構えと対応について、ぼくの経験を通じた留意事項を伝えたい。

　前にも述べたが、論文試験の合否は、論文試験当日の朝起きた瞬間に９９％決まっていると言っても過言ではない。つまり、どれだけ当日までに入念な準備ができたかが、合否を決める。よく、「当日の応用力が重要」だとか、「柔軟な思考力が合否を分ける」などと言うが、当日に発揮される応用力、思考力というのは、合格に必要な要素の１％未満だというのが、ぼくの正直な感想だ。というのは、当日に発揮しなければいけない思考力というのは、せいぜい**「出題された資料と自分が準備してきた論点３つをどうつなげるか」**くらいだからだ。そんな思考は長くても３分あればできる。逆に言えば、全く準備をしていない論点で論述するというのは極めて困難だし、仮に書けたとしても合格は覚束ない。入念に準備して、その論点について論述している人には勝てないと思われるからだ。これが現実である。

　よく合格者が「予想は外れましたが、なんとかその場で考えて論述し、合格できました。」などと言うが、ぼくからすれば、「本当かな」と思う。準備していない論点について、その場で背景要因を分析するなんて不可能なんじゃないかなと思ってしまう。単に周りから「すごい、頭良いね」と思われたいだけなんじゃないのかな、と邪推してしまう。

3つの論点（課題）が出題されて、少なくとも２つは準備した論点（課題）でないと合格レベルの論文を書くのは難しいというのが正直なところだ。しっかり準備していなかった３つめの論点（課題）も、全く考えたことのない論点である場合は、合格が難しいと思う。ある程度、準備段階で文章にはしていないにしても、想定していた論点である必要がある。

論文の出題者は、もしかしたら試験当日の柔軟な発想力や論理的思考力、文章力を試したいと思っているかもしれないが、これらの能力は試験当日に養われるものではなく、試験当日までの準備の中で徐々に養われていくものだ。

こうしたことから、試験当日は、これまでの自分の努力を信じて、ぜひリラックスした気持ちで臨んで欲しい。会場にいる誰よりも論文試験の勉強を頑張ってきたのであれば、必ず他の受験者よりも優位な立場にあるはずだ。

さっそく、論文試験当日、朝起きてから論文執筆を終えるまでのスケジュールに沿って、どういった対応をしてきたかを述べていきたい。

（１）　試験会場への到着時間について

先ず、当日の試験会場への到着時間についてだが、ぼくはいつも開始のぎりぎりに到着していた。時間にルーズだから、ということではない。理由がある。それは、自分の集中力を最大限に高めたいからだ。試験会場の最寄り駅までは１時間くらいの余裕を持って到着しているが、近くのカフェで最後の確認を行い、試験会場には開始の５分くらい前に到着するよう調整した。

万全を期したい人に限って、試験会場への到着はかなり早めになる

傾向があるが、都の昇任選考に限って言えば、それは逆効果だと思う。

　なぜなら、試験会場に早く着きすぎてしまうと、なんとなく受験をしている職場の同僚などに遭遇し、どうでも良い話題に付き合わなければいけない事態が生じるからだ。

　本気で準備をしてきた受験者にとっては、邪魔でしかない。だから、おすすめは、**時間ぴったりに到着できるよう調整する**ことだ。

（2）　問題を選択する

　受験会場に着いたら、自分の受験番号が張り付けられている席に座り静かに開始を待つ。最後の最後まで、インプットを行っても良いと思う。そして、いよいよ問題用紙が配られ、試験開始の合図を待つ。試験開始の合図と同時に、2題出題される問題のうち、いずれの問題で解答するかを決める。その時のぼくのルールは次のとおりだ。

その1　問題文を読み、いずれか一方だけが準備したテーマであった場合

　→選択の余地はない。準備していた方のテーマを選択し、解答する。

その2　問題文を読み、両方とも準備していたテーマであった場合

　→資料を確認し、自分が準備していた論点を3つ導出できる方のテーマを選択し、解答する。

その3　問題文を読み、両方とも準備していたテーマであり、かつ、両方とも資料から自分が準備していた論点を3つ導出できる場合

　→より、他の受験者が準備していないであろうマイナーなテーマの問題を選択し、解答する。

　このルールの「その3」については、疑問に思う読者もいるかもし

れない。両方とも準備論文の論点（課題）を導出できるのであれば、ふつうであれば、自分に自信のある方、しっかりと準備できた方を書きたいと思うのが信条だからだ。

では何故、自信のある方・得意な方のテーマではなく、マイナーな方のテーマで書くのかというと、管理職選考Aは合格率6％の試験だからだ。

何が言いたいかというと、採点者は、一人で多数の論文を採点していると推察されるが、その中で「これは」と思うものに高得点を付けるものと思われる。というのは、ぼくも局の勉強会のインストラクターをしていた時によく思ったのだが、受験者の8割くらいは大体同じようなことを書いている。実行プランに載っている施策なんかは、だいたい重複している。これでは他の受験者と差別化できないのだ。他の受験者を一歩も、二歩も出し抜き、合格を手繰り寄せるためには、他の受験者が書いていない内容でかつ、完成度の高い論文を書く必要がある。だから、マイナーな方のテーマ（みんなが準備をしていないであろうテーマ）で書いた方が有利だと考えられるのだ。

ちなみに、ぼくは試験本番では、ルールその1の**「問題文を読み、いずれか一方だけが準備したテーマであった場合」**に該当したため、問題の選択に迷う余地は無かった。

（3）　マーカーは使わない

管理職選考では、鉛筆、シャープペンシルのほかに色マーカーの持ち込みが許可されている。資料を読み解く際、マークできるようにするためだ。でも、はっきり言う。要らないと思う。資料に色を付けて、分析した気持ちになっている時間的余裕はないからだ。

資料の確認は、自分が準備してきた論点（課題）をその資料から導出できるかどうかに、**全神経を集中させて行う。**シャープペンシルが一本有れば十分だ。

（4）　論理構成は基本的には行わない

　よく、局の勉強会なんかに出席すると、「論文を書き始める前に、３０分くらいかけて論理構成を練ること」と教えられる。課題、背景、施策を一貫させなければいけないからだ。

　でも、そんなことは当たり前だ。試験当日にどう一貫させようか、などと考えている時点で準備不足だとぼくは思う。論理構成は、準備段階で十分に行っておくべきだ。試験当日は、何度も同じことを言うが「いかに出題された資料から、自分が準備してきた論点（課題）を導出できるか」に全神経を集中する。そして、それが完了したら、あとは準備してきた論文にしたがって、アウトプットするだけだ。自動筆記である。

（5）　文字は丁寧に書く

　実は、上記のような要領で論文を書いていくと、時間的な余裕が少しだけ生まれる。その時間を何に使うか。**文字を丁寧に書く時間として使う。**ぼくは、お世辞にも字がきれいな方ではないのだが、やはり採点者からすれば字がきれいな方が読みやすいと思う。だから、最大限、字を丁寧に書くことを心掛けた。字がきれいじゃない人こそ、丁寧に書くことを心掛けて欲しい。

　ちなみに、準備段階でも字をきれいに書けるよう、少しは練習すると思うのだが、準備段階と論文試験本番では全く条件が異なることが一つだけある。それは、「緊張感」や「プレッシャー」ではない。論文

試験本番では、**用紙が複数枚重ねてホチキス止めされていることだ。**それが何に影響を与えるかというと、重ねた紙の上から文字を書こうとすると、摩擦が大きくなるため、筆圧のコントロールがうまくいかず、字が練習段階と違ってうまく書けない事態が生じる。字が薄くなったり、力んで書くとシャープペンの芯が折れやすくなったりといった事態も生じる。これを事前に知っておく必要がある。複数枚重ねた紙の上から字を書く練習をしておこう。全然違うことが分かると思う。

なお、「ホチキス止めされているだけなら、重なっている紙を折り曲げて、解答用紙を常に机に接地させて書けば良いのではないか」と考える受験者もいるだろう。

でも、本番になれば分かると思うが、試験会場は往々にしてどこかの大学の教室である場合が多いことから、一つ一つの机のスペースは、狭い。解答用紙を折り曲げて書こうとすると、前の受験者の背中に解答用紙が当たり、とてつもない迷惑行為となってしまう。だから、重なっている紙を折り曲げ、机に接地して筆記することは、物理的に不可能だと考えておいた方が良い。

（6）　書き終えたら必ず読み直しを行う

これは、言われなくてもみんなやると思うが、念のためだ。読み直し、表現や論理展開が狂っている場合には、同じ文字数で修正する必要がある。既に書き終えているのだから、加除修正は、同じ文字数である必要がある。時には、同じ内容を別の表現で言い換えるなどして修正を行おう。

以上で、論文対策の章は完結だ。みんなの健闘を祈っている。

3-10 〈付録論文　ＩＣＴ〉

　本項では付録としてぼくが作成したＩＣＴに関する論文作成例を
載せておく。参考にして欲しい。

（1）課題の抽出

1　ICT の活用による外国人に優しい街づくり

国の調査では、約４割の外国人旅行者が外国語表示の
不足等により、旅行中に不便を感じている。一方で、
都は 2020 大会を一つの契機とし、東京を最先端の
ICT のショーケースにすることを目指している。つい
ては、ICT を活用した外国人に優しい街づくりが課題
である。

2　オープンデータ活用による交通サービスの質の向上

　超高齢社会の突入と 2025 年以降の人口減少により、
行政単独による公共交通サービスの維持・向上が難し
くなる。ついては、オープンデータを活用し、官民連
携による公共交通サービスの質の向上が課題である。

3　中小企業における ICT の活用促進

都内製造業は、事業活動コストの高さや事業スペース
の狭さといった問題から、他県に比べ、事業所数、出

荷額の減少が著しい。一方で、ビッグデータや IOT を活用している企業は 1 割にも満たない。ついては、中小企業の ICT 活用による生産性の向上が課題である。

4　ICT の活用による介護現場の負担軽減

都内の平成 37 年度の介護サービスの増加率は、平成 25 年度比で 53％の増となる見込みである。一方で、東京の介護業界における有効求人倍率は 5.4 倍であり、他県と比べ人材不足が顕著である。ついては、ICT 技術を活用し、介護業務の負担の軽減が課題である。

5　ICT の活用による効率的なインフラの維持管理

超高齢社会の突入と 2025 年以降の人口減少により、人材や財政の面で行政単独による社会インフラの維持管理が難しくなる。ついては、ICT 技術を活用した、社会インフラの効率的な維持管理が課題である。

（2）具体的な施策

1　各課題の背景

昨今の ICT の進展は目覚ましく、あらゆるものがインターネットを通じてつながることで、低コストで、短期間に、多様で高度なサービスが提供できる技術が生まれている。今後、少子高齢化が更に進み行政課題が山積する中でも、あらゆる都民ニーズに応え東京が成長していくためには、ICT の活用が欠かせない。しかし、先に述べた課題の背景には次の 3 点の問題が存

在する。

第一に、ICT による多言語対応が不十分なことである。都は、これまでも歩行空間にデジタルサイネージを設置するなど、ICT を活用した多言語対応を進めてきた。しかし、外国人旅行者が旅行中に困ったことの第一位は、依然として施設等のスタッフとのコミュニケーションである。そのため、ICT を活用し、あらゆる場面の多言語対応が求められる。

第二に、公共交通サービスにおけるオープンデータの活用が不十分なことである。都はオープンデータ協議会を発足し、交通情報等の民間利用による公共交通の利便性向上を目指しているが、配信データの標準化やリアルタイム運行情報提供のための設備整備が難航し、実用段階に至っていない。そのため、公共交通に係る静的・動的データを集約し、活用できる仕組みの整備が求められる。

第三に、中小企業の ICT リテラシーが十分でないことである。中小企業白書によると、中小企業が IT 投資を行わない理由として「IT を導入できる人材がいない」、「導入効果が分からない、評価できない」との回答が多く、ICT 導入に向けた情報不足・理解不足が明らかである。そのため、中小企業の ICT リテラシーを高める具体的支援をする必要がある。

2 課題解決に向けた取り組み

　上記3点の問題を克服するため、都は以下の3点の施策を実施する。

　第一に、ICTを用いてあらゆる場面の多言語対応を推進する。具体的には、宿泊施設や飲食店、小売店において音声翻訳アプリの入ったタブレット端末導入に係る経費を助成し、人と技術によるおもてなしを促す。また、デジタルサイネージやAIロボットを空港や2020大会競技会場、都立病院に優先的に配備し、多言語案内を強化する。さらに、産学官が連携してAR（拡張現実）の実証実験を行い、外国人旅行者がスマートフォンを用いて街中の情報を多言語で取得できる環境を整備する。

　しかし、現状のデジタルサイネージは相互接続性や互換性が低いため、災害時などに多言語による情報の一斉配信が難しい。そこで、共通のコンテンツを経由して各サイネージ端末へ情報を流す仕組みを構築し、多言語情報の一斉配信を可能にする。

　第二に、公共交通サービスに係る情報をオープン化し、公共交通の利便性を高める。具体的には、都内の鉄道・バス・航空業者の時刻表や運行情報等を集約し、標準API形式で公開してIT事業者のアプリケーション開発を促す。また、交通事業者に対し事故情報等のリアルタイムデータを提供するための設備整備費用を助成し、データ提供を促す。さらに、気象情報や車いすルートの情報も併せてオープン化し、移動支援サー

ビスの質を高める。

しかし、運行情報や企業ロゴなどが自由に使用されることになれば、情報の責任所在やライセンスに係る問題が生じる可能性がある。そこで、オープンデータの利活用について、標準的な規約を定めることで対応する。

第三に、中小企業のICTリテラシー向上に向けた支援を行う。具体的には、商工会議所等の支援機関を通じて、ベンダが開発したITツールを中小企業に提案・導入し、生産性の向上につなげる。また、IoTやAIなどを用いた、効果的な商品管理・顧客管理の例をICT活用セミナーで周知する。さらに、ベンダと連携し、専門人材を一定期間中小企業に派遣することで、効果的なICT機器の導入と利活用に係るノウハウを企業内に蓄積していく。

しかし、ITツールのセキュリティ水準には格差が生じており、サイバー攻撃の標的になる可能性がある。そこで、警視庁と連携し、顧客情報等をサイバー攻撃から守る術について技術的な支援を行うことで対応する。

3 組織を先導する管理職員として

東京は成熟都市として一層の発展を成し遂げ、ICT先進都市として日本全体を牽引していくことが求められている。

私は管理職として、東京の発展を促す施策の実現に全力で取り組む所存である。

137

3 論文試験突破に向けた to do

〈追加の論点〉

第四に、介護現場でロボット等の機器が十分に活かせ
ていないことである。都は、これまでもモデル施設
においてロボット介護機器等の導入に係る効果検証を
行ってきた。しかし、導入経費が高額で費用対効果が
低いこと、機器について「着脱に時間を要する」、「重い」
等の指摘がされていることから、導入が進んでいない。
については、費用と需要の両面から現場に即した導入支
援が求められる。

第五に、公共設備の維持管理において、ICT の活用
が不十分なことである。都は、これまでも、橋梁等の
打音検査や近接目視の点検等により、公共設備の適切
な維持管理を徹底してきた。しかし、これらの「人」
に依存した管理手法では、今後急増する都市インフラ
の更新需要に対応できない。については、ICT を活用し、
公共インフラを効率的かつ適切に管理していくことが
求められる。

上記２点の問題を克服するため、都は以下の２点の
施策を実施する。

第四に、介護現場の実需に適合したロボット介護機
器等の導入を支援する。具体的には、介護施設に専門
アドバイザーを派遣し、施設の実情に見合ったロボッ
ト介護機器の選択と適切な使い方の指導を行う。また、
機器の導経費を国と共に助成するほか、機器の量産化
による価格低減を促すため、製造業者の設備投資を支

援する。さらに、開発された機器と介護現場における需要のミスマッチを、定期に開発業者にフィードバックし、より実用性の高いロボット介護機器の開発を促していく。

しかし、「介護は人の手で行うべき」とのマインドギャップも根強くある。そこで、セミナーを通じて、ロボット介護機器の導入が、安眠や安心した排泄につながったケースを紹介し、施設利用者の心的・身体的負担の軽減にも資することについて理解を深めていく。

第五に、IoT技術やドローンを活用し、公共インフラの効率的な維持管理を行う。具体的には、橋梁や道路等の公共インフラにセンサを取り付け、ひずみや振動を計測してインフラの状態を常時遠隔監視する。また、得られたデータにロボットやドローンを用いた映像情報を加えて解析・診断し、異常の早期発見と補修につなげる。さらに、自治体間でデータを共有し、損傷事例や判定事例を多く集めることで、点検・診断の精度を高めていく。

しかし、自治体の個別のインフラの状況が周知されることや財政状況により修繕状況に差が出ることへの抵抗から、データの共有が進まない可能性がある。そこで、データ検索から抽出されたインフラが特定されないよう、マスキングを行う等の工夫を行う。

3 論文試験突破に向けた to do

3-11 〈付録　採点票〉

　本項では、付録として、ぼくが局の勉強会の際に用いていた、論文の採点票を紹介する。もし、管理職に見てもらうなどの際は、こういうのを論文の頭につけると、どこが自分のウィークポイントか明確になると思う。参考にして欲しい。

論文添削シート

総合点
／40

添削者　職・氏名　　○○課長　　○○　○○

□　**問題意識**　【課題の背景分析が的確か、考察が深いか】

| 1 | 2 | 3 | 4 | 5 | 6 | 7 | 8 | 9 | 10 |

□　**政策形成力**　【課題に対する解決策が現実的か、独創性はあるか】

| 1 | 2 | 3 | 4 | 5 | 6 | 7 | 8 | 9 | 10 |

□　**論理性**　【課題、背景、解決策が首尾一貫しているか】

| 1 | 2 | 3 | 4 | 5 | 6 | 7 | 8 | 9 | 10 |

□　**表現力**　【文章が簡潔で読みやすいか、語彙力は豊富か】

| 1 | 2 | 3 | 4 | 5 | 6 | 7 | 8 | 9 | 10 |

4

口頭試問突破に
向けた to do

4-1 口頭試問について（経験を通じて）

　口頭試問については、その内容を口外することはできないことになっている。したがって、ぼくが実施した対策を紹介するに留まるが、その対策で合格できたのであるから、一定の効果はあったのだと考えて欲しい。

　それから、口頭試問では合格に向けたプレッシャーを跳ね除けるメンタルコントロールが求められる。論文をパスすると、直属の部長、課長をはじめ、局内の様々な管理職や人事担当などから、激励の言葉を頂戴する。それ自体はものすごく力になるし、自分の背後にはそういった百戦錬磨の強力な管理職達が守護神として「憑いている」のだと思うと、最高に心強い。

　だが、その反面で、「当日は絶対に負けられない」という強いプレッシャーを感じる。ぼくはあまりプレッシャーを感じるタイプではないのだが、それでも、普段は感じない緊張感におそわれた。

　プレッシャーに負けると、普段の自分を出すことができず、せっかく論文試験を突破したのに、合格のチャンスを逃すことになってしまう。だから、いかに上手くメンタルコントロールをするかが重要だ。そこで、プレッシャーを跳ね除けるぼくなりの方法論も本章では紹介したい。

4-2 口頭試問の突破に必要な準備

　さっそく、口頭試問に向けてぼくがどういった準備をしたのかを伝えていきたい。論文試験にパスすると、口頭試問の日程が伝えられる。論文試験が５月末で、論文試験の合否の告知が６月末、口頭試問の実施日が８月初めなので、概ね、論文試験の合否の告知から、口頭試問の日までは１か月程度の期間がある。非常に短い期間にいろいろな準備をする必要があるということだけ念頭においておく必要がある。

　幹部候補になるための最後の正念場だ。

　以下、ぼくが「（１）　論文試験終了後から論文試験の合否の告知までに行った対策」と「（２）　論文試験の合否の告知があった日から口頭試問当日までに行った対策」に分けてお伝えする。

（１）論文試験終了後から論文試験の合否の告知があるまでに行った対策

　論文試験の出来は、しっかり準備を行った人であればあるほど、ある程度自覚できるものと思う。つまり、合格論文の分析結果どおりに当日の論文が仕上がれば、「いけるかも」という状態になる。

　ぼくも、それなりの手応えを感じていたので論文試験終了後、すぐに次の対策を始めた。

　一つ目は、「**はじめての課長の教科書**」（酒井 穣　ディスカバー・トゥエンティワン）を熟読することだ。この本には、中間管理職としての心構えや組織のマネジメントをどう行うことが組織の執行力を最大化

することにつながるのかについて、極めて高いレベルの考察がされている。管理職に必要な様々な心構えやノウハウをこの一冊から吸収できることに感謝の念しかなかった。ぼくはこの本を先ず一読し、二読目は大事なところに黄色マーカーをし、三読目はマーカーした箇所を中心に何度も読み直した。そして、面接直前期に、マーカーした大事な箇所だけを再確認して面接に臨んだ。

　この本には、「職員のモチベーションをいかに管理するか」について詳しく書かれていること、また、課長職が実際の職場で巻き込まれる様々な困難にどう対処するかについて詳しく指南されていることから、非常に勉強になった。

　口頭試問だけでなく、その先も見据え、読んで良かった一冊だと思う。

　二つ目は、**「事例で学べる行政判断　課長編」**（公職研）の熟読だ。こちらは、公務員である課長が遭遇する具体的な困難事例にどう対処するのが適切かについて、７０の事例を問答形式で載せている。それぞれの事例について、なぜそう対処するのが適切なのかについて、法令やロジックなどをもとに詳細に解説されており、納得感が得られる。面接では、一つの問答を掘り下げる、いわゆる「なぜ、なぜ質問」が想定されるが、そういった質問にも耐えられる内容だと感じた。こちらも、口頭試問だけでなく、その先も見据えて十分に参考になるのであろう重要な一冊だと思う。

　ぼくは、論文試験終了後、論文の結果が出るまでこの２冊を何度も読んで、自分が課長になるイメージを固めていった。一端の主任が、お昼休みに課長としてどうあるべきか、どう対応すべきかについて書かれた本を熟読する姿は、傍から見れば完全に**超意識高い系**だ。

　でも、この２冊は、実は課長という職位でなくても、十分に職場で

役立てられるものだとも思った。つまり、課長がどういった視点で組織を運営し、困難な課題に対応するのかを知ることができるため、それを踏まえた仕事ができるからだ。

　普段、課長や部長が何を考えて仕事をしているのかを知ることができれば、組織が困難に直面した時に、自ら解決策を迅速・的確に提案できる。また、仕事を進める上で配慮すべきポイントなども押さえられる。

（2）論文の合否の告知があった日から口頭試問までに行った対策

　論文合格の告知があった以降は、**先輩合格者に口頭試問にかかる様々なアドバイスをもらった**。先輩合格者からのアドバイスは極めて有意義なものであるため、局の人事担当などを通じて局内の合格者を紹介してもらうことをおすすめする。ぼくも、有意義なアドバイスを得ることができたと思っている。

　また、局内の管理職に、本番さながらの**模擬面接を実施**してもらい、受け答えなどの練習を行った。これは体験をしておくと、有意義なアドバイスが得られるだけでなく、本番に向けた精神的耐性が得られることから、是非やるべきだと思う。

　その他、管理職を志望する動機などについて**想定問答集を作成**した。なるべく簡潔に答えられるよう、キーワードベースの想定問答を作成したのだが、ここで重要な問題に直面していた。それは、問答を声に出して練習する場がないということだ。公共の場で大きな声を出して問答の練習ができるほど、ぼくは肝が据わっていない。また、家族の面前でそれをやるのはもってのほかだ。恥ずかしいにも程がある。妻にはクールでクレバーな夫を演じていたいのだ。

どこで練習しようかと思い悩みながら時だけが経過した。

そんなある日、突然思いついたのが、車の中だ。暑い夏場であっても空調が完備され、完全なプライベート空間が確保されている。問に対する答えを簡潔に言えるように、一人、駐車場の車の中で大きな声を出して練習した。もし、車を所有していて、練習場所に困っている人が居たら参考にしてみて欲しい。

想定問答集を作成する際は、都政の重要トピックスについても確認をするようにした。論文試験合格後は、新聞も毎日読み、重要なトピックスについては問答集に追加した。

なお、ぼくが事前に準備していた具体的なＱＡ項目を次に紹介するので、参考にしてみてほしい。

① 管理職を志望する理由

管理職を志望する理由は管理職選考を受験する以上、当然に準備すべき項目だろう。ぼくが管理職を志望した理由は後ろのページに載せておいたが、口頭試問の問答上はそれだけじゃ足りない。つまり、都政に貢献したい、都民に貢献したい、だけでは、管理職でなければいけないことの必然性を論理的に説明できないのだ。

ではどうするのか。先にぼくなりの答えを言ってしまうと、口頭試問の問答上は、**「裁量権を拡大し、より責任ある立場で都政に関わりたい」**といった回答をすれば足りると思う。この回答に対する深掘りはあったとしても、反論は無いだろう。予想される反論は、「それって主任でもできるんじゃない？」だとか、「それって課長代理でもできるんじゃない？」と言った内容だ。そういう反論が来たら、とにかく「裁量権を拡大し、より責任ある立場」を強調し続ければ、論理的に問題

がないはずだ。上席であればあるほど、裁量権が拡大し、責任が重くなるのは自明だからだ。

　なぜ、先に回答例を言ってしまったかというと、ぼくはここのやりとりに実質的な意味が無いと感じているからだ。

　東京都の入庁試験を受験する際、「なぜ国じゃないのか。」だとか、「なぜ区市町村じゃないのか」だとか、あるいは、「なぜ他県じゃないのか」という問いが想定され、これに対する回答を考えていたが、「東京都じゃなければいけない合理的な理由」なんてはっきり言って無いと思っていた。

　「世の中に一つでも多くの笑顔を増やしたい」この想いを実現するのは、国だって、区市町村だって、他県だってできるし、民間企業にいたとしても、また、個人事業主であったとしても、ボランティアだって実現できる。でも、公務に携われば、この想いを感じやすいだろうなと考えたから、また、たまたま東京という街に住んでいたから、都庁を受験したに過ぎない。

　もちろん、面接ではそんなことは言えないから、地方自治法上の国と都道府県と区市町村の役割を確認し、回答を準備した。例えば、「国は広域的な行政を担う立場から、全国一律の行政サービスの水準を確保する必要がありますが…」、「区市町村は基礎的自治体として住民に密着した行政サービスを提供する立場にありますが…」「都は、東京という一定規模の行政範囲に必要な社会資本を整備できること、莫大な予算を抱え、やりがいを感じられると思いまして…」といった具合だ。

　でも、この回答は単なる地方自治法上の知識の確認に過ぎない。受験者の内側から湧き出る真の志望動機を引き出せる質問ではないと思っている。だから、面接でよく聞かれる「それって○○でもできる

147

んじゃないのか？」という問いは、ぼく個人としては極めてナンセンスな問いだと思っている。

　貴重な面接時間をこういう問いに費やすのは、仮に、ぼくが面接官だったら絶対にしない。だから、先に答えの例を書いておいた。

　管理職の役割は、裁量権の拡大と表裏一体のものとして責任ある判断をくだしていくこと、組織のリーダーとして組織を運営していくこと、他部局や議会、知事、様々な民間団体と調整していくこと、組織の長として所属職員を育成していくこと等だ。その役割さえきちんと理解していれば、「なぜ管理職でなければいけないのか」という問いに論理的に答えられる。

　ただ、ぼく個人としては「管理職になって、どういった仕事がしたいのか。何を問題だと考え、何を実現したいのか」こういう質問をして欲しいと思っていた。

　少し話がそれたが、「管理職になって、どういった仕事をしたいのか。何を問題だと考え、何を実現したいのか」という本質的な問いに対する回答は、きちんと考えて整理しておく必要がある。具体的にどう都政に関わりたいのか、具体的にどう都民に貢献したいのか、この点については、普段業務に携わる中で、自らの考えを深めておこう。それこそが、管理職選考の準備にかかるモチベーションの源泉になるはずだ。

② 管理職に求められる能力について

　管理職になった場合に、どういった能力が求められるのかについては、既に少し触れたが、自分なりに整理をしておこう。管理職を志望するのだから、管理職になった時に求められるのであろう能力は、事前に知っておくべきだ。

この点については、インターネットで検索をしたり、本を読んだりすれば、それなりの知識が得られると思う。

また、管理職に求められる能力は当然1つだけではない。例えば、「マネジメント能力とリーダーシップとコミュニケーション能力」、「調整力、決断力、統率力」といった具合だ。

普段業務に携わる中で、管理職がどういった役割を果たしているのか、観察してみよう。

こうした問いにきちんと回答できないようでは、管理職になった後、「こんなはずじゃなかった」という、いわゆる「雇用のミスマッチ」と似た状況が生じてしまう。

③ これまでの仕事の中で失敗したことや学んだこと

面接官は、受験者が管理職としての適性があるかどうかを確認したいはずだ。そのためには、「過去どういった仕事の仕方をしてきたか」を確認する必要があるだろう。つまり、これまでの仕事ぶりの延長線上に管理職としての業務があるのだから、面接官は受験者のこれまでの仕事ぶりと管理職に必要な適性のマッチングを検証したいはずだ。

だから、ぼくはこれまでの仕事で成果をあげたこと、失敗したこと、職務遂行過程でどういった役割を果たしたか、また、どういった学びを得たか、達成感を得た仕事は何か、などを整理しておいた。

その際、なるべく管理職としての適性をアピールできるよう、調整力やリーダーシップを発揮した事例を話せるよう、意識した。

みんなも、自己の職務経歴を振り返り、果たした役割や学びを得たことなどを整理してみて欲しい。

④ 部下との接し方について

　管理職になれば、部下の指導や管理といった業務が発生する。したがって、受験段階で、部下とどう接するつもりなのか、自分なりの考えをまとめておく必要があるだろう。

　主任の立場では、部下を持つことはないと思うが、後輩職員との接し方などについて、ぼくは自分なりの考えをまとめておいた。また、普段、後輩職員とどのように接しているか、指導・育成する際に気を付けているポイントは何かなども、整理をしておいた。

　また、若くして管理職になると年齢も都歴も自分より上の部下を持つケースが少なからず出てくる。そういう場合に、どう接していくのが良いのかについても、自分なりの考えを整理した。

　個人的には、知識や経験が自分よりも豊富な部下を持ったとしてもへりくだる必要もないし、威圧する必要もないと考えている。

　ぼく達の仕事は全て、都民、国民のためにあるという原点に立ち返れば、豊富な知識や経験は、有効なリソースとして活用していくことが重要だろう。そういった考え方に立てば、知識や経験が豊富な部下を持った場合、頼りになる存在として切磋琢磨していけば良いだけのことだ。

　ぼくたちの仕事は、上司のためでも、部下のためでも、組織のためでもない、都民、国民のためにあるということを忘れてはいけない。

⑤ 職員の育成について

　部下との接し方の項目と少し重複するが、管理職に求められる役割の一つに職員の育成がある。したがって、この点を聞かれる可能性があると思っていた。どういう風に職員を育てたいのか、育成する上で

注意すべきポイントは何か、について自分の考えをまとめておいた。

　ぼくは、チューターを経験したことがあったので、その際に気を付けていたことや、職員の力を伸ばすために工夫をしていたことなどを中心に考えをまとめた。例えば、自分で考える力をつけるため意見を述べさせる、等だ。

　ただし、管理職はチューターや監督職のように、日々特定の職員だけを目配せする立場にはなく、スパン・オブ・コントロールは広いのが一般的だ。多くの職員を抱える中で、どうやって個々の職員を育成していくのか、具体的に想定しておく必要があると思う。

　読者のみんなだって、主事・主任という立場で、これまで様々な管理職と関わってきたはずだ。管理職になりたいと思っているくらいだから、自分を成長させてくれた恩師にあたる管理職が必ず一人はいるだろう。そういった管理職が、自分に何をしてくれたのか、他の職員も含め、部下とどのように接していたのかを思い出してみよう。そこに職員育成のコツやヒントが隠されていると思う。

⑥ **上司との接し方について**

　管理職（課長）という立場になったとしても、部長や局長などの上司と連携して仕事を進めていくことになる。

　管理職になったら一人で何でもかんでも決めて仕事を進めていけるという認識は間違いだ。ここは誤解の無いようにしておく必要がある。そういった観点から、部長や局長などの上司とどう接していくかについて、ぼくは考えをまとめておいた。

　特に、自分の考えと上司の考えが折り合わないような場合はどうするか、という点は重要だ。

4　口頭試問突破に向けた to do

　当然のことながら、地方公務員法上、職務命令には忠実に従う必要があるだろう (地公法第 32 条)。しかし、部長などの上司の判断が明らかによくない方向に向かうことが分かっている場合には、何等かの手立てが必要なはずだ。そういう場合に上司とどうコミュニケーションを図るのか。自分なりにイメージしておく必要がある。

　上司の判断が明らかに違法なもので無い限りは、最後の最後は地方公務員法上の職務命令に従うべきだが、どういった考えを軸に、どう接していくことが重要なのか、リスクマネジメントの観点から考えを整理しておこう。

⑦ 職場の管理について

　管理職の重要な業務に職場の管理がある。職場の管理とは、職員が組織目標の達成に向けて一丸となって職務を遂行できるよう、職務遂行に支障をきたす問題がないか、服務規律をきちんと順守しているかといったことに目配せし、職場を適正に管理していくことだ。

　具体的に想定される問題としては、職員の士気が著しく低く、業務が滞ってしまっているようなケースや職員同士の連携がうまくいっておらず、重大な問題を引き起こしかねないケース、モラールが低いために都民から苦情を頂戴しているケース、精神的な疾病を抱え休んでしまっている職員がいるケースなど様々考えられる。

　こうした問題に対し、管理職としてどう対応していくのか、自分なりの考えをまとめた。

　ちなみにぼくは、こういった事態を打開するための万能薬はコミュニケーションだと思っている。これまでの経験上、コミュニケーションが活発な職場は職員の士気も高く、連携もうまくいっていたと思う

152

からだ。

⑧ ライフワークバランスについて

　平成３１年４月１日より、いわゆる「働き方改革関連法」が施行された。この法律の施行により、１年間の総残業時間の上限と、月の残業時間の上限が設定された。

　こうしたことから、管理職には、「いかに職員の残業を縮減していくか」という組織マネジメントが、これまで以上に求められるようになってくる。

　職員のライフワークバランスをいかに確保するかについて、具体的なアイディアを絞り出すとともに、なぜそれが有効なのかについてその理由まで述べられるようにしておく必要があるだろう。

　例えば、既存の業務をゼロベースで見直すことや、真に必要な会議を精査すること、会議時間を決めること、業務分担の見直し、ＩＣＴの導入など、働き方改革を進める方策は様々考えられる。ぼくも自分なりの考えを整理しておいた。

⑨ 服務管理について

　職場によっては、遅刻や無断欠勤の多い職員など勤務態度が良くない職員がいるケースもあるだろう。また、不適切な公金管理や違法な契約事務、パワハラ・セクハラ、職務の怠慢など、職員の服務に関する問題は様々想定される。

　こういった様々な服務上の問題が生じたときにどう対応するかはもちろんのこと、そういったことが起きないように日頃からどう職員の服務を管理していくのかについて自分なりの考えをまとめた。

153

4 口頭試問突破に向けた to do

　管理スパンが広くなればなるほど、常時、細部まで職員の様子を監視することは難しくなる。そういった場合に、どうすることが服務事故や汚職を未然に防ぐことにつながるのか考えてみよう。

　コミュニケーションを活発にすることや、一人親方とならないよう業務を複数で遂行する仕組みを作ること、監督職との緊密な連携を図ることなど、様々考えられるはずだ。なお、服務管理は、危機管理の側面も有するものと理解している。

⑩ 組合対応について

　管理職になると、組合対応という業務も担うことになる。組合対応業務については、馴染みのない職員も多いのではないだろうか。ぼくも、ほとんどどういったことをしているのか知らなかった。だから、まずは法的な観点で組合とはどういったものなのかを押さえた。

　憲法上、労働者には労働三権が保障されているが、地方公務員は、その職務の性質上、労働三権に制約がある。なんだか懐かしいと思った職員もいるのではないだろうか。憲法秩序の内在的制約ってやつだ。

　そうした基本的な理解をした上で、組合と行政の立場を考える。つまり、職員の安全な労働環境を確保していくという点では組合も行政も同じ立場にある。ただし、組合の最終的な目的は労働者の利益であるのに対し、行政の最終的な目的は都民、国民の便益・効用の向上である。こうしたことから、例えば、行政側の組織目標の設定などのいわゆる「管理運営事項」に対しては、組合の交渉の範囲外にある。

　ここまで基本的な理解をしておけば、組合に対してどういうスタンスで交渉に臨むのか、また、交渉が決裂した場合にどう対応するのかについては、ある程度自分で考えて回答できると思う。

組合対応については普段管理職とともに仕事をするケースが少ないことから、基本的理解から自分の考えを整理しておけば良いと思う。

⑪ マスコミ対応について

　管理職になると、新聞社や報道関係者から取材を受けたり、記者会見等でコメントを求められたりする場合に対応しなければならない。マスコミ対応は、その一言一言が都の見解として世に広く知られるため、ファクトを正確に伝える技術が必要である。

　万が一、事実と異なることを言ってしまったり、誤解されるような表現を発言してしまったりする場合には、組織全体の不信感につながり、公務への信用が失墜することにもなりかねない。

　そういう意味で、責任を負える立場にある管理職でないと対応できないのが一般的だ。マスコミ対応をする場合に、管理職として何に気を付けながら対応すべきなのか、日ごろの管理職の対応をよく観察し、自分なりの考えをまとめておこう。

⑫ 議会対応について

　管理職の重要な業務に議会対応がある。本庁に配属されている職員であれば、議会対応については比較的馴染みがある業務なのではないだろうか。都議会議員から様々な質問や要望、資料要求などを受け、各管理職が窓口となって対応する。我々は代表民主制を採用しているのだから、都議会議員は都民そのものだ。したがって、都議会議員からの質問や要望にはいつも真摯に、また、速やかに正確に対応しなければならない。都民の代表だからだ。

　ただし、いくら都民の代表だからといって、都議会議員の私的な利

155

益を優遇してはならない。都議会議員も特別職の公務員だからだ。公共の利益を実現すべき立場にあることを理解しておく必要がある。

こういった基本的な理解のもとに、管理職としてどのように議員と接していくのか、考える必要がある。

都議会議員からの要望は極力応えていく必要があるが、現実の都政では、財政上の問題、法令上の制約、人的資源の問題、過去の判断などの要素が複雑に絡み合い、要望をそのまま実現することは難しい状況が多々ある。

かといって、議員から投げかけられている問題をそのまま放置して良いわけがない。そこでどうするかが、管理職の腕の見せ所だ。代替措置を講じたり、よりコストパフォーマンスの高い施策を立案したりするなど、現実の都政に適合する形で都議会議員と調整を図りながら要望を実現していく必要がある。こうしたことを念頭におき、議員対応における自分なりの考えを整理してみよう。

⑬ 部下の勤務評定について

管理職になると、部下職員の勤務状況を評定する立場になる。

勤務評定をどう行うかについては、おそらく客観性を確保するために細かいルールがあると思うが、ぼくは人事担当でも管理職でもないので詳しくは分からない。仮に分かっていたとしてもここには書けない。

ただ、分かることは、次章の「勤務評定問題」のところに書いた制度の話だ。これだけ押さえておけば良いと思う。つまり、勤務評定は、成果と成果を得るプロセスで発現した職員の能力の２つの側面から行うことが重要ということだ。

例えば、周りとほとんどコミュニケーションをとらず、自己完結的に仕事の成果を出す職員と、周りとよくコミュニケーションを取り、仕事への熱意もあるが成果が出せていない職員と、どちらを評価するかという問題があったとする。

　この場合、どちらのケースも「成果」と「成果までのプロセス」の内、片方の側面では評価されるが、片方の側面では評価できないため、一律にどちらを高く評価するということはできないというのが答えになるだろう。成果と成果を得るためのプロセス、どちらも重要だということだ。

　それから、これは基本的なことであるが、職員を評価する際はもちろん公平でなければならない。「好き・嫌い」の私的な感情は極力排除して評価する必要があるだろう。

　こういった基本的な認識ができていれば、勤務評定にかかる自分なりの考えは整理できると思う。

⑭ 危機管理の仕方について

　危機管理についても、管理職の重要な仕事だ。

　危機管理の概念は広いため、考えを整理するにあたっては具体的なケースを想定すると分かり易い。例えば、首都直下地震が発生した場合だとか、学校現場に不審者が侵入した場合だとか、病院で何等かの事情により停電した場合だとか、個人情報が漏洩した場合だとか、いろいろと想定できる。

　総じて、危機管理が求められるのは「非常事態」が生じた時だ。

　そういった非常事態が発生した場合に管理職が取るべき行動は共通していると思う。

4 口頭試問突破に向けた to do

　一つは、日頃から非常事態が生じることを想定し、非常事態発生時の行動指針等を整備し・所属内に周知徹底をしておくこと。

　二つは、非常事態が生じた場合には、直ちに関係各所に報告を行い、対応の指示等を仰ぐこと。

　三つは、二次被害防止に向けて現場を指揮監督し、適切な判断と対応をすること。

　四つは、随時状況を把握し、関係各所と情報を共有しながら事態の収束を図ること。

　最後に、事態の収束後、非常事態発生時における対応に課題がなかったか、防止措置に問題が無かったかを確認し、行動指針等の見直しを行うことだ。

　これは、どのような非常事態が生じた場合でも、同じ段取りをふむと思う。こういった管理職の基本的な行動パターンを理解した上で、具体的な非常事態発生時にどう対応するのか、自分なりの考えをまとめておこう。

⑮ 住民対応について

　施策や事業を実施するにあたっては、区市町村などの地元自治体や、地元住民のコンセンサスを得るのが前提である。

　管理職は、事業実施部局の長として、住民説明会の先頭に立たなければいけない局面もある。特に、住民に事業を反対されているような場合は、丁寧な説明と対応が求められる。説明をする際は、事実をきちんと正確に伝えるとともに、質疑にも丁寧に答えることが重要だろう。

　一方で、職場に寄せられる個別の質問や苦情全てに、管理職が対応

していては、組織が回らなくなってしまう。そういう対応は所属職員に行ってもらう必要があるが、住民によっては、管理職の対応を望むケースもあるだろう。そういう場合にどうするのか。

　ぼくの個人的な考えでは、やはり所属職員に対応してもらうべきだと思っている。理由は３つある。１つは、公平性の観点である。ある住民だけ管理職が対応し、ある住民だけ所属職員が対応したということになれば、不公平だとの指摘を受ける可能性もある。２つは、所属職員の対応も管理職の対応も、「組織」として対応している以上、同じということだ。そして最後３つは、管理職は、管理職でなければ対応できない業務を抱えているからだ。そうした業務を実施せず、個別の住民対応ばかりを行っていては、管理職としての職責を全うしているとはいえない。管理職の業務は、個別の住民のためだけにあるわけではなく、都政、都民全体のためにある。

　以上のことから、管理職は、住民説明会などには先頭に立って説明を果たすべき責務を負うが、個別の住民対応については、可能な限り所属職員に任せるべき立場にあると理解している。

　ただし、管理職の業務には所属職員を守ることも含まれる。住民が行政対象暴力と言えるような暴言や暴力を所属職員に振るっている・振るおうとしているような場合は、危機管理の観点から管理職が対応すべきだろう。場合によっては速やかに警備に連絡し、対応してもらうことも必要だと思う。

⑯ 都政を取り巻く状況と課題への対応について

　管理職になると様々な政策的な判断が求められる。判断するにあたっては、都政を取り巻く社会・経済状況についてある程度知識があるこ

とが必要だろう。

　知事が今何を考え、どういった取組みを行おうとしているのか、都民が今どういう状況にあり、都政に何を望んでいるのか、都はこれに対しどういった取組みを行おうとしているのか、このような点については基本的な認識を持っておく必要がある。都のホームページや新聞、知事のコメントなどを確認し、都政事情について知っておく必要があるだろう。

⑰ 時事的な内容について

　管理職が政策的な判断をするためには、都政を取り巻く状況のみならず、世界情勢についても知っておくことが望ましい。国の動きや、諸外国の取組みについても知っておくことで、より合理的な政策判断が可能になってくる。

　特に、先進諸国の取り組みは、大いに参考になるはずだ。もちろん、国が違えば歴史も文化も違うわけだから、諸外国の取り組みをそのまま都政に活かせるかと言えば、そうでないケースの方が多い。しかし、そこから、現状の問題を打開するヒントを得ることもできる。

　したがって、世界情勢や重要なトピックスについては、整理しておく必要があるだろう。

　以上が、ぼくが行った口頭試問対策だ。口頭試問の具体的な内容には触れられないため、何がどう役に立ったのか、何が聞かれ、また、何が聞かれなかったのかについては言えないが、これらの対策はきっとみんなの力になると思う。是非、参考にしてみて欲しい。

4-3 口頭試問本番における
メンタルコントロール

　口頭試問では、先ほども述べたがメンタルコントロールが極めて重要である。ぼくが管理職選考にかかる局の勉強会のインストラクターを務めた際、よく、「面接官を面接するマインドで面接に臨んでください」と言っていた。強気で行け、ということだがほとんどの受験者がぽかんとした顔をしていた。

　面接官を面接するスタンスを貫けば、堂々と、難しい問いにも怯まずに望むことができる。しかし、実際には局の勉強会の受講生も、また、読者の中にも、「強気になるというのはそんなに簡単じゃないし、パーソナリティの問題だから対策のしようもない」と感じたのが正直なところだろう。口で言うのは簡単だと。

　そこで、この精神状態にどのようにもっていくのかについてもう少し具体的に述べたい。ただし、これは、完全にぼくの個人的な手法であり、有効性についても個人差があると思う。しかし、少しでも参考になるようお伝えする。

　先ず、「面接官を面接するマインド」はすなわち緊張を解く方法でもあるのだが、このマインドにもっていくには「怒り」の感情をうまく使うことが重要だ。言っていることがよく分からないと思うが、こう考えて欲しい。何かに怒っている時、人は往々にして周りの目線を気にしていない。誰にどう思われるか、なんて構っちゃいないのだ。つ

161

4 口頭試問突破に向けた to do

まり、プレッシャーや緊張感というのは、面接官にどう思われるかを気にしすぎるあまり、また、自分の一挙手一投足がどう評価されるのかを気にしすぎるあまり生じるものだと推察されるが、そうであるならば、気にしない精神状態を惹起すればプレッシャーや緊張感を打ち消すことができるはずだと考えた。そこで、「怒り」の感情、もっと言えば「闘争心」が有効なのだ。手のひらに「人」を書いて飲み込む方法じゃない。意識的に「怒る」のだ。

イメージして欲しい。これまで、択一も論文も貴重な時間を費やして対策し、一定の成果を出してきた。そして、口頭試問に向けて、できる限りの想定問答を作成し、万全の備えを行った。それなのに、口頭試問本番では、準備してきた想定問答は全く聞かれずに、良く分からない質問を連発され、なすすべもないままに時間が終了した。

どうだろう、怒りの感情が湧いてこないだろうか。「くやしい、ふざけんな」と。「次こそはどんな質問がきても、対応してやる」と。でも、当然のことながら「次」は最短で 1 年後になってしまう。次の論文試験も、うまくパスできるとも限らない。

だから、論文試験を突破したら、一発で口頭試問も突破する必要がある。だから、最初から「くやしい、ふざけんな」という気持ちをうまく使って (怒りや闘争心に変えて)、緊張感を打ち消し、口頭試問に臨むのだ。

だからと言って、本番の口頭試問では「しかめっ面」で臨んではいけない。口角を上げて爽やかスマイルで臨む。しかし、心の内側では、「どんな質問がきても、徹底的に対応してやる」という怒りに満ちた闘争心むき出しの精神状態で臨む。

オリンピックなどの大会で、柔道選手などが試合の前に、自分の顔

を両手で「パン」とたたいて軽く飛び上がり、地面を踏みしめて気合を入れているのをテレビなどで見かける。あれと同様の精神状態を作り出すことが重要だ。そうすることで、緊張感を打ち消し、堂々と面接官に自分の意見を述べることができるようになると思う。

　心なんていうものは物理的には無い。緊張も怒りも喜びも悲しみも脳の作用に過ぎない。そうであるならば、「怒り」という感情（脳の作用）をうまくコントロールすることで、緊張を打ち消すことも可能なはずだ。

　ぼくはこの手法を採用し、本番では、自分でも驚くほど冷静かつ巧みに応答ができたと思う。緊張しがちな方は、是非、試してみて欲しい。

　本書では、面接に関する基本的なマナー、例えばノックの回数だとか、話と行動は分けて行うだとか、そういうことについては触れない。

　そんな内容は、入庁段階で習得済みだと思うからだ。

4　口頭試問突破に向けた to do

5

勤務評定問題

5-1　勤務評定とは何か

　管理職選考に合格するためには、択一、論文、口頭試問のほかに勤務評定が良好でないと厳しい。つまり、日ごろの仕事ぶりが重要だということだ。

　しかし、この「仕事ぶり」を評価してもらうというのは中々難しい。仕事を頑張っていない（厳密には、頑張っていないと思っている）人の方が、少数派だと思うからだ。みんな仕事は頑張っている（自分なりに頑張っていると思っている）。でも、なぜか評価に差がついている。

　「自分はこんなに頑張っているのに、なぜ評価されないのだろう」と意気消沈した人は少なからずいるはずだ。

　管理職選考に合格するためには、この得体の知れない「勤務評定」と向かい合わなければいけない問題があるのだ。

　ぼくは、入庁から一貫してかなり自由に振る舞ってきた。上司の飲みの誘いも平気で断ってきたし、職場においてもいわゆる「真面目」と評価されるタイプの職員ではない。それどころか、細かな作業は苦手だし、お世話になった管理職からは、「お前ほどアンニュイなやつは見たことがない」とも言われてきた。職員の中では比較的アウトローな属性にあると思う。

　それでも、職場ではそれなりの評価を得てきたから合格できた。上司の評価を得るには、ちょっとしたコツがあるのだと思う。ぼくはそれを無意識のうちにやっていたのだろう。思いつく限りで、皆さんに伝えることができれば、皆さんの業績評価も変わってくるかもしれない。

最初に、誤解の無いように述べておきたい。ぼくたちの仕事は課長や部長に評価されるためにするものじゃない。というか、ぼく自身、上司に評価されるためにした仕事で成果を上げられたものは一つもない。**常に自分の仕事が都民、国民にどういった便益をもたらすかを意識している。**それが公務員に求められる仕事の本質だと思っているし、そこが仕事に没頭できる唯一のモチベーションだからだ。

　何か判断に迷う時、調整していて困った時、ぼくは主事・主任の立場であってもこの本質に立ち返って考え、意見し、行動してきた。都民、国民がぼくらに何を望んでいるのかを常に意識してきた。どんなに小さな、些末な仕事であっても、その先に、場合によっては遥か遠く先かもしれないが、都民・国民が居て、そこに何かしらの効用が生じているはずなのだと。

　上司の判断が、周りの職員の意向がこの本質から外れていると感じた時、それが仮に政治的に、あるいは組織体制としてバランスを欠いていると思われたとしても、ぼくは躊躇なく意見を述べてきた。こうしたスタンスが、もしかしたら評価されたのかもしれないが、そこは分からない。でも、ぼくらの仕事はそこにこそ意義があるし、逆にそれを見失ってしまったら、仕事へのモチベーションは著しく低下すると思う。

　周りの職員の自分への評価や上司の評価ばかりが気になりはじめると、どうでも良い本質と関係の無いことにこだわり、また、都民・国民に何の効用も還元されない雑務に追われ、なるべく波風を立てない方法にのみ終始するようになる。そうしている内に、手段が目的化し、アメリカの社会学者マートンの言う「訓練された無能力」の状態となってしまう。官僚制の逆機能だ。「合理化された非合理性」などとも言われる。

　「今までこうしてきたから」、「みんなこう言っているから」、という

167

のは考えることを止めてしまった職員の口癖だ。

自分はそうなってはいないだろうか、自問自答してみて欲しい。もし、そうなってしまっていることに気が付いたら、**自分のやろうとしている仕事がなぜ必要なのかを都民・国民の目線で考える癖をつけよ**う。それだけでも仕事のパフォーマンスが上がると思う。

ぼくのことを評価してくれた上司は、おそらく都民・国民にとって何がベストなのかを常に判断の軸としていたと思うし、そういう上司にこそ、ぼくはついていきたいと思っていた。そこに、上司と部下との間の信頼関係や情熱が生まれ、結果として仕事ぶりへの評価につながっていったのだと思う。

他の職員を批評している暇があったら、都民に、国民に自分は何ができるのか、自分の仕事で世の中をどう良くできるのかを考えよう。これは、管理職になる・ならない以前の問題だ。全ての公務員が、核とすべき本質だと思う。

少し話は逸れたが、先ずは勤務評定の基本的な制度理解をしていきたい。「東京都職員の人事考課に関する規定」には次の記載がある。

（目的）

第一条　この規程は、地方公務員法（昭和二十五年法律第二百六十一号）第二十三条の二第二項の規定に基づき必要な事項を定めるとともに、同条第一項及び同法第二十三条の三の規定に基づき、職員の業績、意欲、適性等について、客観的かつ継続的に把握し、これを職員の能力開発、任用・給与制度、配置管理等へ反映させることにより、**職員一人一人の資質の向上と組織全体の生産性の向上を図ること**を目的とする。

まず、人事考課は「職員一人一人の資質の向上と組織全体の生産性の向上を図ることを目的」としていることに留意する。

　もっとも、この点については、様々な議論がある。いわゆる「成果主義」の導入により、かえって社員の仕事に対するモチベーションが下がったという調査結果もあるからだ。成果主義を徹底し、職員の優劣を明確にすることが、報酬に差を設けることが、この規定に掲げている目的を真に達成するのに資するのかどうかは、今後も議論をしていかなければいけない論点だと思う。

　ただ、**人事考課そのものの目的は職員の資質の向上と組織全体の生産性の向上である**ことは認識として持っておく必要がある。

　そして、「東京都職員の人事考課に関する規定」の第二条には次の定めがある。

（定義）

第二条　この規程において、次の各号に掲げる用語の意義は、それぞれ当該各号に定めるところによる。

一　人事考課　**業績評価、自己申告**及び**人材情報**をいう。

二　業績評価　職員が割り当てられた職務を遂行した**業績**及び**職務遂行過程**(以下「プロセス」という。)を、この規程に定めるところにより評定し、記録することをいう。

　つまり、業績評価とは人事考課の一部分であり、①担当職務の業績と②職務遂行過程を評定し記録したものということだ。このことから、勤務評定というのは、次の概念として整理される。

169

5 勤務評定問題

人事考課			
業績評価		自己申告	人材情報
① 職員が割り当てられた職務を遂行した業績の評定記録 ② 職務遂行過程の評定記録			
勤務評定			

さらに、「東京都職員の人事考課に関する規定」には、次の定めがある。

<抜粋>

(定期評定)

第五条　定期評定は、次に掲げる職員を除く職員について、**毎年度一回、十二月三十一日を基準日**(以下「評定基準日」という。) として実施する。

(業績評価の対象期間)

第七条　**定期評定の対象となる期間**(以下「対象期間」という。)**は、前回の評定基準日の翌日から当該定期評定の基準日まで**とする。ただし、当該定期評定の基準日前一年以内に採用された職員についての対象期間は、その採用の日から、当該定期評定の基準日までとする。

（昇任選考別評定）

第十一条　局長は、知事が昇任選考の対象者について、当該昇任選考のための業績評価の提示を求めた場合においては、直近に実施した評定の当該対象者の業績評価シート等に基づき、昇任選考別評定を実施し、その評定結果を別に定める日までに、知事に報告しなければならない。

2　知事は、前項の昇任選考別評定結果について、直近に実施した評定の結果との均衡上必要があると認めるときは、これを調整することができる。

　これらの規定から、昇任選考のための業績評価（評定）は、直近に実施した評定の当該対象者の業績評価シート等に基づいて実施すること、そして、直近に実施した評定とは、試験の年度の前年度の１２月３１日を基準とした評定であることが分かる。試験は５月末に行われるのだから、その**前年 12 月 31 日基準日の評定が極めて重要な意味を持つ**ことが推察される。

受験年度											
4月	5月	6月	7月	8月	9月	10月	11月	12月	1月	2月	3月
	●受験日										

受験年度の　前年度											
4月	5月	6月	7月	8月	9月	10月	11月	12月	1月	2月	3月

受験年度の　前々年度											
4月	5月	6月	7月	8月	9月	10月	11月	12月	1月	2月	3月

ただし、昇任選考のための業績評価の提示は、「直近に実施した評定の当該対象者の業績評価シート等」に基づくとされていることから、直近の定期評定だけが昇任選考に用いられるわけではない可能性があることに注意する必要がある。つまり、前年の評定は重要だが、それ以外の評定も昇任選考に加味されている可能性があり、結局、東京都管理職選考Ａに合格するためには、**常に仕事に誠心誠意取り組んでいる必要がある**というわけだ。

もっとも、「常に仕事に誠心誠意取り組む」と言っても、もうやっているよと言う人がほとんどだろう。「仕事をとにかく頑張れ」では、ただの精神論で、評定を上げることへの具体的なアドバイスとなっていない。

そこで、評定についてもう少し詳しく考察したい。評定は先ほども確認したとおり、**①担当職務の業績**と**②職務遂行過程（プロセス）の２つの要素**から行われる。つまり、いずれか一方だけでは評価されないということだ。「仕事に真面目に取り組みました」だけで何の成果も上げられなければ片手落ちである。また、成果は残したものの、その職務遂行過程において、調整などがうまくなければ、これも十分な評価とならない。この点を意識する必要がある。

ところで、国家公務員の人事評価手法は、内閣人事局のホームページに公表されており、そこには、「能力評価」と「業績評価」という概念が用いられている。

ここでいう**「能力評価」とは、職員がその職務を遂行するに当たり発揮した能力の評価**である。例えば、**調整力やコミュニケーション能力、専門知識、事務処理能力などの能力の評価**だ。

一方で、**「業績評価」とは、職員がその職務を遂行するに当たり挙げ

た業績の評価だ。例えば、職員が果たすべき役割を「目標」として期首に設定し、果たした程度を評価するものだ。

　これは東京都の職務遂行過程の評価と担当業務の業績の評価と一定程度リンクしていることに気付く。これを図にすると次のとおりだ。

国家公務員の人事評価		東京都職員の業績評価
業績評価		業　　績
職員が果たすべき役割を「目標」として期首に設定した上で、その果たした程度を評価	…	担当職務の業績の評価
能力評価		職務遂行過程（プロセス）
職員がその職務を遂行するに当たり発揮した能力（専門知識やコミュニケーション能力等）の評価	…	職務遂行過程（プロセス）の評価

　東京都職員の業績評価の内容を理解するにあたり、国家公務員の人事評価が大いに参考になると思う。

　つまり、職務を遂行していくうえでは、積極的にコミュニケーションを図りながら、関係部局と主体的に調整を図ること。担当業務についてはよく勉強し、深い専門知識を有すること。よくまとまった資料の作成や要点を捉えた正確な文章の作成など、高い事務処理能力を発揮すること。こうした職務遂行能力を発揮しながら、最終的に大きな成果（施策の企画・立案・実施や予算の獲得など、自己申告で設定した目標）を達成すると高い評価が得られるというわけだ。

　ちなみに、国家公務員の能力評価は、職制上の段階及び職務の種類

173

5　勤務評定問題

に応じて定められた「標準職務遂行力」に照らし、職員が実際に職務
上とった行動がこれに該当するかどうかを評価している。

　例えば、係員であれば、次のような評価項目が列記されている。

① 倫理

　国民全体の奉仕者として、責任を持って業務に取り組むとともに、

　服務規律を遵守し、公正に職務を遂行することができる。

② 知識・技術

　業務に必要な知識・技術を習得することができる。

③ コミュニケーション

　上司・同僚等と円滑かつ適切なコミュニケーションをとることがで

　きる。

④ 業務遂行

　意欲的に業務に取り組むことができる。

　参考にしてみよう。

　制度上の評価項目と評価される仕組みについて、理解できたと思う。

5-2 評価される職員とは
どのような職員か

　前項では業績評価（≒勤務評定）の制度的な理解をした。それを前提に、本項では、**具体的にどういう職員が職場で評価されやすいのか**について、ぼくなりの考えを述べていきたい。なお、本項・次項で述べる内容は、完全にぼくの私見であることを予めご了承いただきたい。

　奥ゆかしいことが美徳とされ、他との協調を重んじる日本人、特にその傾向が顕著であるかもしれないぼくたち公務員という人種にとって、「いかに職場で上司の評価を得るのか」というテーマは、職場の同僚や同期の間でもなかなか話題にすることができない「禁断のテーマ」だろう。

　なぜなら、上司の評価を得る行動というのは、必然的に他の職員を出し抜き、自分が組織の中で優位に立とうとする行動だからだ。評価が最終的には相対評価で行われることを考えれば、これは紛れもない真実である。

　しかし、評価を得るための行動が組織の執行力を上げ、都民の効用を増すことにつながっているのであれば、「東京都職員の人事考課に関する規定」と目的を同じにするものだとも理解している。

　そこで、ぼくが普段仕事に取り組む中で特に意識していることを次から述べたい。

5 勤務評定問題

（1）課長からのオーダーには即時に答える

ぼくは、課長から何か仕事を頼まれた場合には、その仕事がどんなに難しい内容のものであっても、他業務に優先して即刻資料を作成し、回答するようにしている。

オーダーの内容にもよるが、資料の出来が例え不十分だと自覚していても、とにかく即時に回答するよう心掛けている。これには二つの理由がある。

一つは、**課長に「頼めばすぐに返してくれるやつ」という認識をしてもらうため**だ。

課長も部長や局長、議員等から質問やオーダーを受けており、一刻も早く正確な回答をしたいと思っている。こうした状況下で、お願いした仕事を中々返してこない職員に対しては、フラストレーションがたまる一方だと思う。待った挙句、出てきたものが「残念なもの」だった場合には、自らの立場も危うくしてしまう。

課長は、未完成であっても、早くレスポンスをして欲しいと思っているのが実際だろう。だからぼくは、課長から仕事を受けたら、とにかく、途中でもなんでも良いのでなるべく早く、可能であれば数分後にはレスポンスをするようにしている。「もうできたの？」と言ってもらえれば、ぼくの勝ちだ。

このように、課長の期待に応え続けることで、新たに課長を悩ませる難題が浮上してきた場合にも、「あの職員に頼めば、すぐに調べて返してくれる」と認識され、課長との間に信頼関係が築かれていく。こうした仕事の姿勢が、高評価へとつながっていくのだと思う。スピードを大事にしているということだ。

二つめは、**課長と認識のズレを早期に修正するためだ。**

作成した資料が一発で課長の意向と完全に一致することは稀だし、実は、課長もそれを期待していないと思う。ぼくたちは、課長に正確で完璧な資料を一発で提供したいと思うあまり、時間をかけすぎてしまう傾向がある。真面目な職員ほどそうだろう。

しかし、考え、悩み、調べ、絞り出した資料を課長に見せた結果、課長の意向とはズレている資料だったというのは、少なからずある。こうなると、課長も時間的な制約から、自ら資料を作成しなければならない状況に追い込まれる。

こうならないためには、もちろん的外れな資料では論外だが、課長の指示と自分の認識が合致しているかどうかを、早期に確認する必要がある。

そのためには、ファーストレスポンスをとにかく早くする必要があるのだ。レスポンスが早ければ、課長から修正を指示され、自らの認識の甘さを自覚したり、課長の視点を勉強する機会を享受したりすることにもなり、職務遂行力も向上していく。

レスポンスの早い職員は、こうした理由から、評価がどんどん高くなっていくのだと思う。結果として、職場で頼れる存在へと成長していくのだ。これは非常に重要な法則なので、ぜひとも押さえておいて欲しい。圧倒的なスピードが、課長の信頼を獲得し、仕事の質を生み出していくのだ。

なお、ここからは余談だが、課長の中には最初から自分で資料を作ってしまう人もいる。その方が早いし、正確だからだ。課長に昇任するくらいなので、課長の職務遂行力は高いのが当然だろう。

でも、ぼくはこうした事態を組織運営上はあまり好ましい状況ではないと思っている。別に、課長が偉いから資料作成は部下に任せるべ

きだという考えじゃない。課長は、資料作成ではなく、上層部や議員との調整・他組織との折衝など、課長にしかできない責任の重い業務に専念すべきだと考えているからだ。

課長職にある職員が作業に時間を費やすのは、都民にとっても損失だと思っている。本来果たすべき役割を果たしていないからだ。

もっと言うと、課長が作成した資料に文句を言える職員は中々居ない。つまり、課長が資料を作成してしまったら、それ以上に良い資料にはならないのである。

こうしたことから、もし管理職選考の受験者であるみんなが、課長から資料作成などの仕事をお願いされたら、可能な限り早く資料を作成し、課長に即時にレスポンスをして欲しい。

（2）悪い情報は誰よりも早く課長にあげる

悪い情報は課長にとって死活問題だ。ゆえに、そういう情報を提供してくれる職員は重宝される。悪い情報というのは、自分がミスした情報だけでなく、組織にとって、都民、国民にとって悪い情報だ。こういう情報を一刻も早く課長にあげる職員は、課長にとっていわゆるキーマンとなるため高評価を得やすい。

しかし、この行動にブレーキをかけるのが「チクることはかっこ悪いこと」という認識だ。組織や都民にとって悪い情報というのは、往々にして所属する組織内のどこかしら、誰かしらの不手際や機能不全が原因で起きる。こうしたことから、課長にそれを報告するのはある種の売国奴だと周囲から思われるかもしれないと考えるのだ。ぼくたちの中には、そういった認識が確かにある。

けど、よく考えてみて欲しい。ぼくたちは、何のために・誰のため

に仕事をしているのか、周りの職員か、課長のためか。

いや違う。都民、国民の幸せ・笑顔のためだ。都民、国民のためという軸さえしっかりと持っていれば、判断を誤ることは滅多にない。都民目線で見たとき、所属する組織の不手際や機能不全は、組織をあげて即時かつ全力で是正していかなければならない事項のはずだ。

「都民ファースト」は、ぼくたち東京都職員の行動原理であり行動規範だ。 こうしたことから、課長の評価云々を抜きにしても、悪い情報は即刻課長に報告すべきだと思う。例え、監督職がその報告をためらっていたとしても。

（3）課長の困りごと、懸案事項を把握し、解決策を提示する

課長が今、何を問題と考え、何に悩んでいるのか、常にアンテナを張り、それに対する解決策を自ら進んで提示していくと、課長から更に頼られる存在になる。

課長が抱えている問題とは、何も議員対応や上層部からのオーダーだけじゃない。業務の進行管理や組織内の連携関係など、組織マネジメントに関するものも多くある。こうした内容は、主事・主任の立場であったとしても改善策を自ら率先的に提案し、それを実行に移していくことが可能なはずだ。

課長が問題と考えていることを探知するためには、普段から課長とよくコミュニケーションをとること、また、もし自分が課長の立場だったら今の組織のどこを問題と考えるか、想像力を働かせることだ。

課長が問題だと考えていることは、つまり、都民、国民にとっても問題であることがほとんどだろう。業務の進捗状況が悪い、組織内の連携関係がうまくいっていない、こういった事態は公務能率の観点か

179

5　勤務評定問題

ら都民にしわ寄せがいっていることになる。打開しなければいけない
状況だ。

　こうした問題を解決するために能動的に行動できる職員は、必ず課
長の目にも留まるものだし、都民のためにも率先して取り組むべきも
のだと思う。

（4）暇な時はさっさと帰る

　職場が暇な時はさっさと帰ることも、課長へのアピールになる。

　これは意外だと思う人もいるかもしれない。つまり、残業も厭わず、
年休も取得せず仕事をし続ける人の方が「頑張っている」と評価され
ているのではないかと考えがちだからだ。現に、ぼくは年休を割としっ
かり取得するタイプなのだが、同期の間で「○日年休を取得したよ」
と言うと、「よくそんなに休んで管理職選考に合格できたよね」といっ
た反応が返ってくる。ライフワークバランスが叫ばれるこのご時世に
おいても、職員の中では、滅私奉公こそが高評価につながり、また、
美徳だと思われている風潮があるのだ。

　だが、実際は違うと思う。課長をはじめ管理職は、年休を取得して
いるから評価を下げる、あるいは、残業をいっぱいしているから評価
を上げるといった本質的ではない評価をしていない。きちんと普段の
仕事ぶりや成果を見て評価をしている。

　むしろ、暇な時にはさっさと帰ることで、課長からは「この難しい
案件は、あの職員の手が空いてそうだからお願いしてみるか」となり、
重要な仕事を獲得するチャンスにつながっていると思う。

　また、仕事を計画的に、スピーディーに進めているという印象も形
成できる。ライフワークバランスの確保が求められる今の時代におい

ては、特にその傾向が顕著になっていくだろう。早く帰れる職員の方が高評価を得られるようになると思う。

　一方で、ダラダラと能率の悪い仕事を続けることは、当然のことながらその分超過勤務が生じているのだから、都民にとっても税金の無駄遣いをしていることになる。勤務時間中に集中して業務に取組み、仕事の能率をあげていくことは、課長の評価だけでなく、納税者である都民にとっても重要な意味を持つ。

　職員の中には、どこに配属されても忙しそうにして残業ばかりしている人もいるが、今自分が取り組んでいる仕事が本当に重要な業務か、つまり、都民、国民が真に必要としている業務か、今一度確認する必要があると思う。もし、それが単なる慣習やしきたりとなっていたら、また、単に手段が目的化しているだけの業務だとしたら、即刻スクラップを検討すべきだろう。

　以上が、ぼくが特に仕事に取り組む上で意識している内容だ。

　ぼくの周りの職員の中には、もしかしたらぼくのことを上司の目線ばかりを気にする世渡り上手な職員だと思っている人もいるかもしれない。

　でも、読者のみんなは気付いただろう。上記に挙げた課長を意識した評価を得るための行動は、全て都民、国民の利益につながっている。

　何度も言うが、ぼくたちは周りの職員のため、課長や部長のために仕事をしているのではない。全て都民、国民のために仕事をしている。それさえ忘れなければ、職場で大きな成果を残すこと、課長から高い評価を得ることは難しいことではないと本気で思っている。

181

5　勤務評定問題

5-3　頑張っているのに評価に結びつかない職員

　前項で述べた内容と重複する部分もあるが、本項では頑張っているのにあまり評価に結びついていないと思われる職員の特徴について、ぼくなりの見解を下記に述べたい。

　前項で述べた内容と反対の行動をしてしまっている職員が、つまり評価に結びつきにくい行動パターンだと理解しているが、そういう人にはある種の共通する特徴があると思っている。評価に結びついていない職員とは、つまり、仕事で成果を残せていないと思われる職員だ。

（1）周囲の職員の評判ばかりを気にしている

　組織の中で仕事をしていると、「あの職員はできる、できない」といった話題が四六時中される。ランチの話題も飲み会の話題もそういった話がかなりの割合を占めているような気がする。

　こうしたことから、「周りの職員から自分がどう評価されているか」ばかりが気になってしまい、本質、つまり「都民、国民にとって何が重要か」という意識が薄れてしまっている職員が少なからずいるように思う。そういうぼくだって普通の人間である以上、周りの職員の自分への評価が全く気にならないわけではない。できれば良く思われていたい。

　でも、それ以上に、いかに能率的に仕事をし、都民、国民の利益に

182

つなげられるかを一番重要視している。それが公務の本質だからだ。だから、後輩職員であっても、自分よりも知識や能力が上だと思う職員には躊躇なく頼るし、都民、国民の利益につながらない、些末な内容の論争には、上司からもちかけられたとしても乗らない。

　自分のちっぽけなプライドのために都民、国民の利益や効用を失ってしまっては意味がないからだ。逆に、都民、国民の利益に影響を与える判断や意思決定に係る論争は全力で行う。

　「周りの職員から自分がどう評価されているか」ばかりを気にする職員は、自分の一挙手一投足が他の職員から見て恥ずべき行動であるか否かを重要視してしまう。そうなると何が起きるか。

　例えば、メールを一通送るのにも、送信先のアドレスが職位の高い順番に並んでいるか、組織番号順に並んでいるか、くまなくチェックをし始める。そして、メールの本文において正しい組織名と職名、敬称が記載されているか、十分に確認をしはじめる。本文の冒頭では「平素より大変お世話になっております。」と記載し、内容も「御多忙の折、大変恐れいりますが」だの、伝えるべき内容と関係のない体裁に凝り始める。その結果、メールを一通送るだけなのに２０分、３０分と恐ろしい時間をかけてメール内容を推敲し、送るようになる。

　これでは、本質的な仕事に時間を割くことができず、何の成果も残せないのは当たり前だろう。全くエッセンシャルじゃない。

　また、「周りの職員から自分がどう評価されているか」ばかりを気にする職員は、素直に自分の非を認めることや相手の意見・能力を認めることが難しくなる。自分の非を認めること、相手の意見・能力を認めることは、すなわち、自分の職場における立場を下げることになると思い込んでいるからだ。周りの職員から「ダメな職員」とのレッテ

ルを貼られるのではないかと恐れているのだ。

こういう職員は、会議の場においても基本的に上司の意見に同調するのみで、自分の意見を持っていない場合が多い。仮に、自分の意見があったとしても発言することがない。なぜなら、「自分の発言がどう評価されるだろうか、上司と違っていたらまずいな」と心配しているからだ。上司と同じ意見にしておけば、問題ないだろうと考えている。こうなると、周囲の同調圧力に負け、真に重要な本質を見失い、結果として頑張っているけど大した成果を残せない職員になってしまう。皮肉なものだ。

もちろん、丁寧なメールを送らなければいけない場合やこれまでの組織の対応からバランスを取った発言が求められる場合もあるだろう。また、上司の職務命令には地方公務員法上従わなければいけない。

問題は、本当に「そういう場合なのかどうか」を見極める必要があるということだ。そのためには、公務の本質、原点に常に立ち返って考える必要があると思う。

（2）自分で考え行動することができていない

行政機関に属するぼくたち公務員は、憲法上「法の執行者」としてあらゆる法令に則って職務を遂行していく。

法律、条例、命令、規則、要綱、マニュアル、通知、慣習、そういったものが業務を遂行する上でよりどころになっている。逆に、そういったものに反して職務を遂行することは「誤った処理」ということになる。この考えは正しい。

「法律による行政」とは、つまり、都民、国民の代表者である都議会議員や国会議員が制定した条例、法律に則って職務を遂行することで

あり、その仕組みは民主主義の根幹をなすものである。

　ぼくたちの仕事には民主的な統制が働いているのだ。

　しかし、こういった公務遂行の基礎基本が、歪んだ形で浸透してしまっている職員を見かける。いわゆる「マニュアル人間」だ。

　仕事を進めていく上では、マニュアルが想定していないイレギュラーなケースが生じることは頻繁に生じる。

　あらゆる事象を完全に想定した法令など無いことを考えれば、当然のことだろう。また、新たな課題に対しては、想像力を働かせ、打開策を立案していかなければいけない。

　しかし、「マニュアル人間」はひとたびメインストリームから外れた事象が生じると全く対応できなくなってしまう。どこにも対応のよりどころにすべき規定が無いからだ。

　こういう職員は、新たな課題に対してもほとんど対応ができない。自ら考え、解決に導くことができないからだ。そういう職員からは、アイディアが出てこないため、上司からの相談に対しても有効な解決策を提案できない。既存の制度や枠組み、発生したやっかいな問題に対して不満を漏らすだけである。その結果、成果をあげることも難しくなってしまうのだ。

　もし、自分がそういう職員になってしまっているとしたら、それは由々しき事態だと自覚した方が良い。というのは、今後、ＡＩなどのＩＣＴが職場に浸透してくると、真っ先に「マニュアル業務」がＡＩに取って代わられる。現に、都では既に都税事務所においてチャットボットを導入するなどし、問い合わせ対応を自動化している。また、ルーチンな事務処理はＲＰＡなどが代替してくる。

　マニュアルどおりに正確に事務処理をする能力は確かに求められる

5 勤務評定問題

が、今後は、マニュアルどおりにしか業務をこなせない職員は、上司の評価はもとより、組織から必要な人材と見なされない可能性すら出てくると思う。この点はよく認識しておくべきだ。

（3）何が重要で何が重要でないかの選別ができていない

これは、完璧主義の人に多く見受けられるのだが、重要なことと重要でないことの選別ができないために、重要なことに注力できず、結果を出せない状況となることだ。

あらゆることを完璧にこなそうとすると些末な、重要でない事柄に対しても万全を期そうとする。その分、その重要でないことに時間や意識がとられ、重要なことに集中できない事態となる。（1）で紹介したメールを1通送るのに30分くらい時間がかかる職員と状況が似ている。どんなに素早くいろいろなことを処理しても、仕事はあらゆる方向から次々と降ってくる。そういった仕事に対し、全方位的に万全を期そうとすれば、一つの重要な仕事に結果を出せないのは至極当然のことだろう。

だけど、これを克服するのはなかなか難しい。重要でない仕事に見切りをつけなければいけないからだ。時に、他者からの重要でない仕事を断ったり、後回しにしたり、重要でないしきたりのスクラップを検討したりする必要がある。こうすることは、前例踏襲の文化の強いお役所仕事においては、かなりの勇気を要する。

明らかに、「こうした方が合理的」と思える手法があっても、「何か新しい問題が生じたら困るから」という理由で、前例踏襲して業務を進めた経験は誰しもがあるのではないだろうか。

前例を踏まえること自体は悪いことではないが、何も考えずに前例

を踏まえていると、いつの間にか、その前例の趣旨が没却し、踏襲することが目的となってしまう。その結果、意味の無い、あるいは意味が少ないことにいたずらに時間と労力を費やすことになってしまう。

　こういう職員は成果を上げていくことが難しいと思っている。

5-4 社内政治は必要か

　テレビドラマなんかでは、社内における出世争いのシーンとして、よく、社内政治の様子が描かれる。

　こういったドラマを見ると、会社によっては、「どの課長・部長に付くのが自分にとって有利なのか、政敵を出し抜くにはどうすればよいか、などといったことに腐心しないと生き残れないのかな」とも思ってしまう。

　大きな組織であればあるほど、社内政治や学閥などが意味を持ってくるのかもしれない。霞が関の省庁では、未だに、「どこの大学出身か」によって飲み会に呼ばれたり、呼ばれなかったりするような話も聞く。

　この点、東京都はどうだろうか。ぼくの１０年間あまりの都庁人生を振り返ると、社内政治・社内マーケティングは「完全には無視できない」というのが結論だ。後ほど詳しく述べる。

　ところで、ぼくは社内政治というのが大嫌いな人間だ。

　生産性が無いし、それをすることによって、都民・国民に何かしらの利益・便益をもたらすとも思えないからだ。知識が豊富で、声が大きく、様々な事柄に対して首を突っ込み、大きな影響力を発揮する人（今っぽく言うと、「インフルエンサー」と呼ばれる人）は、あなたの職場にもいるだろう。そういった人は、何も職位が上にあるとも限らない。特段の役職に就いていなかったとしても「インフルエンサー」になる人はいる。そういう人は、知識や経験が豊富で弁もたつという

点で、味方であれば非常に心強い、頼りになる存在なのだが、ひとたび敵に回してしまうと仕事がやりづらくなってしまう。だから、「インフルエンサー」の取り扱いは細心の注意を要する。

「そんなことに気を使って仕事をするのはくだらない」と思う人もいるだろう。ぼくもその一人だ。でも、「インフルエンサー」の取り扱いは、大きな組織の中で仕事をしていく上では避けて通れない宿命なのだと思う。

なにもこれは、東京都という組織に限った話ではない。よく考えてみると、小学校や中学校、高校にもいわゆるスクールカーストというものが存在し、その頂点に君臨する人は、その場に大きな影響力をもっていたはずだ。また、ぼくは民間企業に勤めたことは無いのだが、おそらくそういう人は民間企業にもいるものと推察される。つまり、一定規模の組織に所属する以上、必ずそういう人は出てくるというのが、ぼくの見解だ。

そして、そういう人を敵に回した場合、様々な場面で上げ足をとられたり、周囲の人間に自分に関する悪評を吹聴されたりするなどし、仕事がやりづらくなってしまうことがある。読者のみんなも、もしかしたらそういう経験があるかもしれない。

だから、「社内政治は意味が無い、嫌いだ」という理由で完全に無視すれば、その後の自分のキャリアや仕事に悪い影響を及ぼしかねないということは紛れもない事実として受け止めておくことが賢明だ。では具体的にどう対応すれば良いのか、次から述べていく。

（1）自らがインフルエンサーとしての立場を獲得する

これは、その人の性分にもよるが、やはり、自らが「インフルエンサー」としての立場を獲得することほど、組織の中で優位に仕事を進めてい

5 勤務評定問題

く術はないと思っている。「そんなにがつがつしていない、ぼくには、私には無理だ」と思った人もいるかもしれない。

確かに、「インフルエンサーに向いている人」と「向いていない人」というのは、正直に言えばあると思う。

でも、職場の中で「一目置かれる存在」になればよいということを考えれば、誰だってなり得るものだとも思っている。具体的にどうするのか。

一つめは、ある特定の分野について誰にも負けない専門知識を身に着けることだ。つまり、「あの分野であれば○○さんに聞けば分かる」という状況を作ることである。自分の担当の事務でも良いし、ある特定の行政分野に関する事務でも良い。

特に、ぼくのポリシーとして、「自分の担当職務は自分が一番詳しい」という状況を作ることは絶対だと思っている。それは仕事に対するプライドでもあるし、正確に事務処理を遂行していく上で必要不可欠だとも思うからだ。

また、担当職務じゃなくても、例えば、「エクセルのマクロが使える」だとか、「会計に関する知識が豊富にある」だとか、「財務会計システムに精通している」だとか、「契約事務に詳しい」などの強みがあれば、組織の中で頼れる存在として認知され、「インフルエンサー」としての立場を獲得しやすい状況になると思う。

ある特定の分野でかまわないので、徹底的にその業務に精通し、「その業務のことであれば誰よりも詳しい」という状況を作りだそう。自分の好きな行政分野でかまわない。

なお、今はこうした考えを社内政治という範疇で考えているが、経営マーケティングの世界では当然のこととして扱われている。それは、

「ＳＷＯＴ分析」と呼ばれる。自社事業の強みと外部環境（市場）の状況を勘案して、いかに自社製品を市場に売り込んでいくかということを、企業は常に考えている。そういう意味で、社内政治とは、つまり、社内マーケティングだと言える。

自分の強みを職場という市場にいかに売り込むか、泥臭い話ではあるが、これを機に考えてみて欲しい。「インフルエンサー」になる人は無意識にこのことを理解し、自然と自分を職場に上手に売り込んでいるのだ。

二つめは、職場において「いつも明るく・元気よく」していることだ。なんだか、小学校の教室に貼ってあるスローガンのようだが、馬鹿にしないで欲しい。これは、「インフルエンサー」になる上でめちゃくちゃ重要な法則だと思っている。

職場で明るく・元気よくしている職員は、それだけでいろいろな人から話しかけられ、相談を持ち掛けられたりするようになる。上司からも、いろいろな仕事を頼まれることが多くなる。

いろいろな相談事やお願いされた仕事に応えていくうちに、職場において「頼れる存在」になることは、みんなだって容易に想像が付くだろう。

また、様々な情報があらゆる部署から集まってくるため、他の職員との「情報の非対称性」が生じてくる。ここまで来ると、他の職員との優位性の差は歴然となってくる。情報は持っている者の方が圧倒的に優位なのだ。

では、明るく・元気よくするには具体的にどうするのか、それは、大きな声であいさつをすること、笑顔を絶やさないこと、積極的にいろいろな人とコミュニケーションをとることだ。どれも、そんなに難

しい内容ではないと思う。声の大きな人は、（そういう人が嫌いな人もいるかもしれないが）それだけで職場でプレゼンスを示すことができる。なぜか。それは、声の大きさは自信の現れでもあるからだ。

大きな声で、はきはきと話す人は自信があるように周りから見え、本当は大したことがなくても、頼りがいのある存在に見えるのだ。

ぼくは、説明会などの多数の人の前で話をする時なんかは、わざと必要以上に大きな声で説明したりする。それは、「自分が言っていることは間違いないよ」と聞き手に思ってもらいたいからだ。

だからと言って、職場で四六時中大きな声を張り上げなければいけないかというと、そういうこととは少し違う。

思うに、いつも明るく・元気よくいるための秘訣は、仕事に対していつもポジティブマインドでいることだ。そして、いつもポジティブでいるためには、職場で仕事に取り組む中で、常に「何か面白いことはないかな」というアンテナを張っておくことだ。何気ないことで良い。ちょっとした面白いことを周りの職員と共有できるようになると、コミュニケーションが活発になり、仕事に対して、職場に対してポジティブマインドが形成される。

そうすることで「いつも明るく・元気よく」仕事をすることができるようになるのではないだろうか。

（2）政敵を褒め、仲間とする

前ページでは、自らが「インフルエンサー」の立場を獲得する術について述べた。でも実際の職場では、それがなかなか難しい状況もあるだろう。なぜなら、自分の前任が同じ職場にいて既に知識や経験の面で圧倒的な影響力を持っている場合や、自分と同じ考えのもと、職

場において「インフルエンサー」としての立場を獲得しようとしている人に遭遇する場合もあるからだ。

　一般的に、自分の業務の前任が同じ職場に居れば、職務遂行過程において様々な相談をしたり、助言を得られたりできるといったメリットがある。

　でも、前任の存在が「目の上のたんこぶ」になるケースがあることも事実だ。ぼくも知らず知らずの内に「目の上のたんこぶ」の当事者になってしまっていることがあった。

　自分が１年間担当している事務についてはそれなりに思い入れがあり、後任の職員にあれこれ口を出してしまったことがある。その結果、後任の職員が仕事をしづらい状況にしてしまった。

　だから、今では担当業務が変わったら、後任職員から相談されるまでは、あれこれ自ら口を出さないように自粛している。

　また、社内政治に腐心する人が同じ職場にいた場合、相手方にこちらも同様の目的を達成しようとしていることがすぐに分かってしまうため、敵視されやすい。これは非常にやっかいな状況だ。

　上司を含めた打ち合わせの場なんかでは、何かと意見を批判され、相手の優位性をアピールされたりする。

　指摘自体は真っ当なものであったとしても、必要以上の批判は精神的に辛いし、「インフルエンサー」としての立場を獲得する上で障害となるというのが実情だろう。

　では、こういった政敵に出会ってしまった場合にどう対応するか。それは、簡単に言えば、政敵を味方にすることだ。具体的に言うと政敵のすごい部分を認め、褒めることが重要だ。そうすることで、政敵の矛先を自分に向けないようにする必要がある。経営学の世界で言え

ば、カルテル、トラストの状況を作り出そう。

政敵もこちらが敵ではなく味方だと認知してくれれば、高めあう存在として見なしてくれるようになるかもしれない。もちろん、そうならない場合もあるかもしれないが。

政敵を味方につけることで、職場において優位に仕事をすすめられるようになる状況は、現実としてある。

「インフルエンサー」に媚び諂う必要はないが、政敵のすごい部分は素直に認め、褒めるというのが思った以上に効果を発揮する。

もしも、上記のような状況にある職員がいたとしたら、試してみて欲しい。

（3）既存のインフルエンサーの影響が及ばない「新たな場」を用意する

既に自分の担当職務や得意としている分野において、強い影響力を発揮する人がいるような場合は、「新たな場」を用意することも、自らが職場において優位な立場を築く秘訣だ。どのように「新たな場」を用意するのか。それは、未だ解決できていない問題などに対し、自ら解決していくためのプロジェクトを立ち上げることだ。

それは新規事業の立ち上げであっても良いし、マニュアル作成などの業務改善につながる取組みであっても良い。これまで取り組まれて来なかったプロジェクトを立ち上げることで、「新たな場」が設定され、その場においては確実に自らが「インフルエンサー」になりえる。

でも、そのためには、日ごろから「都政の課題は何か」「業務の課題は何か」についてアンテナを張っていなければいけない。これは職務遂行の中でも一段上の取組みだ。

管理職になると「課題設定力」が求められる。それは、現状、何が

問題で、それをどう解決することが有効なのかを考え、実行する力だ。こうした力を主事、主任の立場で発揮することはレベルの高い取り組みだと言える。もし、こうしたことが職務遂行過程の中でできたとしたら、インフルエンサー云々に関係なく、大きな評価につながっていくことは間違いないと思う。

ちなみに、ぼくは、こうした取り組みが好きだ。ルーチンワークに終始するより、現状を分析し、将来を見据え、今何をすべきかを考え、実行していく仕事の方がクリエイティブだし、シンプルにわくわくする。

同じように考えている読者のみんなは、どんどん新しいことに挑戦しよう。

ものすごいスピードで社会状況が目まぐるしく変化している現代において、ぼくは、変化をしていないことこそ恐れるべきだと思っている。それは行政とて例外ではない。

人口構成の変化、科学技術の進歩、グローバル化の進展、こういった社会状況の変化に対応していくためには、職員一人一人がその変化を感じ、受け止め、施策や仕事の仕方を変えていく必要があると思っている。例えば、職場へのＩＣＴの導入もその一つだろう。

行政法学には事情変更の法理というものがあるが、前例踏襲を重要視する行政分野において、事情変更を真摯に受け止めることが必要な局面に差し掛かっていると思っている。

もし、実施している施策が、仕事の仕方が今の時代に、今の社会に即していないと感じるならば、新たな取り組みを提案すべきだ。

そうした取り組みができたならば、その取り組みにかかるインフルエンサーは間違いなく君だ。

以上、社内政治について述べてきた。社内政治という言葉はある意味ではダークサイドな面を持ち合わせるが、組織の中で円滑に仕事をしていく上では、避けては通れないものだと認識しよう。

ただし、この技術も公務遂行の「本質」ではないということだけ、改めて確認しておきたい。

しつこいようだが、ぼくたちの仕事は都民、国民の笑顔のためにある。ただ、その実現のために、ほんの少しだけ、職場で円滑に仕事を進めていくために、社内政治・社内マーケティングというものを行うにすぎないと理解しよう。

本当はそんなことに時間を、労力を割きたくないのだが、仕方がない。仕事を円滑に行うためのテクニックだと思って、割り切って取り組んで欲しい。

案外、みんなの仕事のしやすさが変わってくるかもしれない。

6
管理職を志望した
理由

6 管理職を志望した理由

6-1 人生における幸せとは何か

　管理職選考を受験するかどうか（本気で取り組むかどうか）を決めるメインファクターに、「人生における幸せとは何か」という問題がある。

　主任試験に合格し、それなりに職場で頑張っていれば、いずれ課長代理級に昇任する。わざわざ、管理職を目指さなくても課長代理として、都民に都政に貢献できていれば、自尊心は満たされるという人もいるだろう。

　また、管理職という責任の大きい立場で、日々プレッシャーを感じながら毎日を過ごすより、仕事と私生活をしっかりと切り分け、家族や友人、趣味の時間を大切にしたいと考える人も、少なからずいるだろう。

　そうなると、昇任を目指すことが本当に人生の幸せなのか、自分の人生にとって成功とは何なのか、と自問自答してしまう。

　人によっては、毎日、職場で上司の評価を気にしながら仕事に励み、好きでもない試験勉強に精を出すことが、真に豊かな生活なのかと、疑問を感じてしまうことだってあるだろう。

　ほとんどのサラリーマンは次のように感じているはずだ。人生は長いようでめちゃくちゃ短い。家と職場を往復する毎日を繰り返すうちに、あっという間に１０年、２０年が過ぎ去ってしまう。

　こうした短い人生の中で、貴重な時間を好きでも無いことに充てる

というのは、ＱＯＬ（クオリティー・オブ・ライフ）を下げるものではないだろうか、そう考えても無理はない。

　この問題は、個々人の生き方・考え方、価値観の問題であり、他者がどうこう言って強制する筋合いのものではない。

　それでも、組織が管理職選考の積極的な受験をすすめるのは、成果を上げている一人でも多くの職員を受験競争に参加させることで、より優秀な人材が選抜される土壌を確保したいからだ。優秀な人材が選抜されれば、都政にとって、都民にとってプラスだ。だから、受験をすすめる。ぼくがみんなに受験をすすめる理由の一つもそれだ。

　受験者側からすれば、個人の生き方、考え方に介入されていると感じることもあるかもしれないが、都庁という組織が都民、国民の利益の最大化を目的としている以上、積極的な受験を推奨することは当然のことだと言える。

　だけど、ぼくが受験をすすめている一番の理由は、プロローグでも少し触れたが、都民に、都政に貢献するための「新しい視点」が得られると思うからだ。立場が変われば、見える景色が変わってくる。そこにぼくは人生の豊かさを享受できると期待している。

　管理職になる前に管理職という職業を否定的に語ることはできないと思っている。もちろん、権限と責任は表裏一体だ。管理職になれば、裁量権の範囲は確実に広がるが、それに伴い、責任も重くなる。

　しかし、それを承知の上で、**世の中に一つでも多くの笑顔を増やすために、自己の裁量権を広げて都民に貢献したい**、これがぼくの管理職を志望する理由だ。そこに、やりがい、生きがいを感じられると思っているからだ。

　みんなはどうだろうか。もちろん、管理職を目指すことが全てでは

ない。

　でも、未だ見ぬ景色を見てみたいと思うのは、人間の性としてあるはずだ。ロールプレイングゲームで、謎の洞窟を発見した時、その中で、恐ろしく強いモンスターに出会うリスクがあったとしても、ほぼ全ての人はその洞窟に入るのではないだろうか。その洞窟に、新たなアイテムが、仲間が、いるかもしれないことを期待して。

　ゲームとリアルな人生を一緒に語ることはできないかもしれないが、人生という大冒険を自分のレベルを上げながら、強いモンスター（都政課題）に挑み、倒していく（解決していく）ことで、人々に平和をもたらす（一人でも多くの都民、国民の笑顔を作っていく）ことができれば、それは自分にとっても幸せなことなんじゃないかと思う。

　一回しかない自分の人生をどう生きることが真に幸せなのか、管理職選考の受験を機によく考えてみるのも良いと思う。

6-2　尊敬できる管理職との出会い

　ぼくが管理職を志望した根源的な動機は前項のとおりだが、その想い
を強くしたできごととして、尊敬できる管理職との出会いがある。尊敬
できる恩師との出会いは、その人の生き方や考え方に強烈なインパクト
を与える場合がある。尊敬できる上司に出会えるかどうかで、その後の
その人のキャリアが、人生が変わってくる可能性だってあると思う。

　そういう意味で、ぼくは恵まれていたのだろう。多くの熱意のある
上司に巡り合えた。とある部長からは、「君は、自分の仕事で世界を
変えられると思ってる？変えられるんだよ。ほんとに。」とよく言わ
れた。

　また、とある課長からは、「おれだけ熱くなっててもしらけちゃうん
だよな。お前は分かってくれてるよな。」と言われた。

　ぼくの巡り合った課長、部長は、東京に一つでも多くの笑顔を、世
界に一つでも多くの笑顔を増やしたいと本気で思って、ただそれだけ
を毎日考えて、仕事に取り組む人たちだった。

　上層部の目を気にし、失敗を恐れて安牌ばかりを切るのではなく、
時には責任を取らされるかもしれない局面でも、先の目的を達成する
ためにリスクをとって行動する上司だった。もちろん、ぼくたちに厳
しい言葉を投げかけることもあった。でもそれは、「都民のために、国
民のために」という熱意がそうさせていることを分かっていたので、
疑問を感じることはなかった。

6 管理職を志望した理由

　そういう熱は、伝播する。今、ぼくが仕事に熱くなれるのは、こういった上司に巡り合えたおかげだ。

　また、とある女性の課長からは、年度の当初に「あなたのことは評価していません。」と言われた。びっくりした。そんなことを面と向かって言われたのは初めてだったし、これまで仕事もそれなりに頑張ってきたと自負していたからだ。

　ぼくはその課長のことが、一瞬で嫌いになった。当時のぼくは主任試験の受験の真最中で、択一の効力がぎりぎりの時だった。絶対合格してその女性課長の元を去ってやると思って試験に臨んだ。都庁の昇任選考では、合格すると異動するのがよくあるパターンだからだ。

　そして、合格した。ようやくその女性の課長の元を去れると清々していた。しかし、後日、部長から、その女性の課長は誰よりもぼくのことを心配し、応援してくれていたんだよと聞いた。ぼくは内心「そんなわけないだろう。ぼくが合格したから、部長に美談を披露しただけなんじゃないか」と邪推していた。

　でも、思わぬところから、その女性の課長の真意を知ることになった。主任試験の合格発表日、ぼくは出張で職場を不在にしていた。各課の合格者は部長室で部長から各課長に告げられたようなのだが、ぼくの上司であった女性の課長は、部長室の外にいる職員にまで聞こえるような大きな声で「ヤッター！」と部長室で叫んだというのだ。

　実は、課内の主任試験の対象者は、ぼくしかいなかった。その「ヤッター！」は紛れもない、ぼくの合格に対する反応だろう。職場の同僚がその声を聴いて、ぼくの合格を知ったとぼくに伝えてきた。

　女性の課長は、本当にぼくのことを応援してくれていたようなのだ。ぼくの主任試験の合格を自分のことのように喜んでくれていた。ぼく

に対して、「評価していない」と言ったのに、年度末に示されたぼくの業績評価は高評価だった。

その女性の課長は、ぼくに、「評価していない」と言えば、ハングリー精神をむき出しにして試験に臨むだろうと踏んでいたのかもしれない。

それを知ったとき、目頭が少しだけ熱くなった。その女性の課長は、当時困難な業務を抱えており、その解決のためにものすごく忙しかったはずだ。それなのに、ただの一部下であるぼくのことを気にかけ、あえてハングリー精神を刺激してくれていたことを知ったからだ。事実、主任試験論文の添削も何度もしてくれていた。

その女性の課長とは今でもたまに連絡を取る。東京都管理職選考Ａの一次選考に合格した際も、お祝いの言葉をいただいた。

もし、あの時、その女性の課長がぼくの負けん気を刺激してくれていなかったら、主任試験にいつまでも本気で取り組めず、合格を手にすることもなかったかもしれない。

こうした、真に尊敬できる上司との出会いが、ぼくのキャリアに大きな影響を与えていることは間違いないし、そういった上司に巡り合えたからこそ、ぼくは、管理職への道を志したとも思っている。

ぼくもいつか、部下に熱を与えられる、部下の意欲を引き出せる、そういう管理職になりたいと。今度は自分の番だと。

ぼくが無事、管理職になれた暁には、部下のキャリアを、人生を、良い方向に変えることのできる、そういう管理職になりたい。

管理職の重要な業務として、組織マネジメントがある。ぼくは組織マネジメントとは、一言でいえば、「部下のモチベーションを管理すること」だと思っている。

6 管理職を志望した理由

そして、モチベーション管理の出発点は、「各職員の自己実現を知ること」だと思っている。職員一人一人が、何を幸せと考え、どういった未来を思い描き、そのために今この職場でどういった仕事をしたいのか、どういった仕事の仕方をしたいのか、それを知ることで組織マネジメントが始まる。

管理職の役割は、そういった職員一人一人の自己実現を全力でサポートすることだ。

自己実現の内容はいろいろあるだろう。

ぼくのように管理職になって都民に都政に貢献したいと考えている職員もいれば、仕事を早めに切り上げて家事・育児に精を出したいと考えている職員もいる。興味のある仕事に従事して成果を出したい職員もいれば、稼いだお金で趣味に没頭したい職員もいるはずだ。

こういった職員それぞれの自己実現を管理職が応援することで、職員一人一人のモチベーションが上がり、高いパフォーマンスにつながっていく。結果として、仕事の成果が上がり、都民、国民の利益につながっていく。

こういったマネジメント業務に従事できることも、ぼくにとって幸せなんじゃないか、そう思ったから管理職選考の受験を決意したわけだ。

6-3　失敗しても成功するまで 続ければいい

　管理職選考の受験を決意した読者に、合格のための最強の秘訣を授けたい。

　それは、**「合格するまで受け続けること」**だ。

　これが合格のための最強の秘訣だ。ぼくの感覚では、8割が受験し、その内2割が本気で取り組み、その内0.5割が合格するまで継続して受験しているように感じる。合格率が仮に6％であったとしても、本気で勉強して受験し、かつそれを継続できている人が5％なのであれば、理論上、本気で勉強し受験し続けている人は全員合格できるはずだ。

　東京都管理職選考Aに合格しなかったのであれば、東京都管理職選考Bを受験すれば良いだけだ。本気で受験を継続できるのであれば、いつかは絶対に管理職選考に合格できるというのが、ぼくの持論だ。

　だから、管理職への道を決意した読者は安心して欲しい。

　その努力は、絶対に無駄にはならない。

　思い描いた未来は必ず実現する。

6 管理職を志望した理由

6-4 試験勉強を通じて人間力を 向上させる

　管理職選考の受験は、実は管理職になるための登竜門という意味だけではなく、受験勉強や受験のための準備を通して、人間力を向上させる側面がある。

　例えば、択一試験の経営学の勉強を通じて、組織とは何なのかを考えるきっかけとなったり、行政学の勉強を通じて、公務員に求められる仕事の質とは何なのかを考えるきっかけになったりする。

　また、論文試験の勉強を通じて、都政を取り巻く社会情勢や課題、課題の背景について深い見識を得るきっかけになる。口頭試問の準備を通じて、組織マネジメントとは何か、リーダーシップとは何かを考えるきっかけになる。

　普段何気なく仕事をこなしていくだけでは得られない、公務とは何か、真に都民に、国民に必要とされていることとは何かを考える機会が得られる点で、管理職選考の受験は有意義だと思う。

　公務員に求められる仕事は、時代や国において様々だ。

　かつて、第二次世界大戦後のイギリスでは、「ゆりかごから墓場まで」の精神で社会保障制度を拡充し、大きな政府が求められた時代もあった。一方で、いわゆる夜警国家的思想のもと、公務は最小限で良いとされた時代もある。

　世論や文化、経済成長の度合いや税収、科学技術の進歩などの複数

の要素が複雑に絡みあい、その時々に行政に求められる役割は変わってくるのだと思う。

　管理職選考を受験することにより、改めて、「公務とは何か」、「今の時代にぼくたちに求められている仕事の在り方とは何か」を考え、自分なりの見解を導き出していくきっかけが得られる。ぼくは、これが管理職選考の受験を経験して得られる最大のメリットだと思う。

　自分が組織の中でどうあるべきか、仕事とどう向きあっていくか、軸になる考え、信念が構築されれば、仕事の能率は驚くほど上がるし、仕事に対するモチベーションも安定してくる。周りの職員との距離の置き方や接し方も変わってくる。

　その結果、仕事の成果も出てくると思うし、余計なストレスも感じにくくなるだろう。これは、受験を経験しないと気が付かないメリットだ。

　管理職選考を受験する価値は、これだけでも十分にあると思っている。

6　管理職を志望した理由

最後に

最後に

東京都職員であることを満喫しよう

　入庁試験を突破し、せっかく東京都職員になったのだから、仕事も試験も思いっきり楽しもう。

　もちろん、必ずしも望みどおりの仕事が割り当てられるわけではない。時には、激しいプレッシャーの中、職務を遂行しなければならない状況もある。起きたトラブルの後始末をしなければならない状況もある。そりの合わない上司や同僚と仕事をしなければならない状況もあるだろう。

　それでも、毎日ポジティブマインドで仕事を継続するコツは、「何か面白いことはないか」、「何か楽しい瞬間はないか」、仕事でも試験勉強でも人間関係でも良いので手当たり次第に探しながら、仕事に取り組むことだと思う。そして、「面白いこと」を発見したら周りの職員と共有しよう。ぼくは毎日そうしている。

　面白いこと、楽しいことを発見する一つのヒントは、「新たに始めること」だ。

　新規に事業を立ち上げる、知らない学問を学んでみる、行ったことの無い場所に行ってみる、なんでも良い。新しいことを始めることで、何気ない日常が刺激とわくわく感にあふれた日々に変わっていくと思う。

　毎日、家と職場を往復して、与えられた業務をたんたんとこなすだけでは、面白いこと、楽しいことを発見するのは難しい。

この世界は、楽しいから、面白いから発展してきたというのは少なからずあると思う。最先端の科学技術も、学問も、芸術も、没頭するような面白さ、楽しさがあったからこそ発展してきた。

　公務員は法令に則り与えられた業務を粛々とこなしてさえいけば良いという時代は終わっている。

　これからの時代は、「創造力」が世界をもっと快適に、面白くしていくと思う。公務員の仕事だって同じだ。

　公務の原点の一つは、市場原理で解決できないセーフティネットを構築することだろう。社会保障制度の構築は、その最たるものだ。「そこに創造力を働かせる余地があるのか？」と疑問に思った読者は想像力が足りない。

　イメージして欲しい。

　そのセーフティネットをどうデザインするかを。

　お金をかけずにできることは無いか、民間と共同できることは無いか、人々の幸せの総量を増加させる抜本的な社会システムとしてのセーフティネットを構築できないか。

　ぼくたち公務員は、その考えを、無限の可能性を、具現化することができる立場にある。

　自分が考えた社会システムが、社会に受け入れられ、構築された時、そしてそれが多くの人々の笑顔を作ることに繋がっていったとき、絶対に面白いと感じるはずだ。

　勉強だって同じだ。組織が効率的に動くための最適な条件は何か、人々の効用を最大化するための条件は何か、そういったことに思いを馳せながら勉強をすれば、新たな発見があるかもしれない。

　都政を、他自治体の施策を、諸外国の取り組みを調べる中で新たな

211

最後に

発見があるかもしれない。

　気難しそうにしている人の趣味は何だろう、どういう価値観を持って生きているのだろう、興味を持つことでその人の新たな面を発見できるかもしれない。

　様々なことに興味を持って、「何か面白いことはないかな」という意識を持って仕事に取り組むことで、仕事に没頭することができる。

　仕事に没頭すれば、とてつもない成果が生まれると思う。

　公務員という仕事を選択し、その仕事と約４０年間付き合っていくのであれば、どうせなら、毎日楽しく仕事をしよう。どんな些細なことでも良い、「面白いこと」を探しながら仕事を進めることで、あなたの仕事に対する取組み姿勢も、あなたの評価も変わってくると思う。

　首都である東京都というフィールドを縦横無尽に駆け回り、思いっきり楽しんで仕事をしていこう。

　そして、気付くはずだ。

　東京都は、４０年程度では足りないくらいの多くの発見と刺激に溢れていることを。

　東京都に所属している全ての職員が、仕事に没頭できる「フロー体験」を実感したとき、東京の輝きはこれまでの数十倍、数百倍になると思う。

　そして、本当に、東京から、世界を変えていくことができると思っている。

　この本をここまで読んでくれた読者には、明日から「新しいこと」を始めることを期待している。

　東京都職員であることを満喫して、世界をより良い方向へ変えていこう。

この本を執筆するにあたり

この本を執筆するにあたり、様々な葛藤があった。

まず、仕事が忙しかった。

管理職選考に合格すると、その年から早々に様々な研修が始まる。また、仕事もそれなりの業務量があったため、定時に帰れるような環境ではなかった。

加えて、受験の直前期は家庭を放置していたから、受験後は、家族サービスや妻へのねぎらいの時間も確保したいと思っていた。

だから、執筆活動に充てる時間を確保するのは中々厳しい状況があった。

また、自分の赤裸々な受験体験を語ることについても、少しだけ抵抗があった。この本を出版することによる、何かしらのハレーションも想定された。

それでも、本書の執筆に至ったのは、「ぼくの受験体験が少しでもみんなの参考になれば良いな」という思いと、「一人でも多くの職員が自分のキャリアや生き方を見つめなおす機会に、そして、管理職への道を志すきっかけになれば良いな」という思いがあったからだ。

人生は一度きりだ。短い人生の中で自分は何をしたいのか。なぜ公務員になったのか。単なる安定のためか、社会的地位のためか。

弱者救済なんて立派なことを言うつもりはない。でも、自分の仕事で少しでも世の中が良くなれば、便利になれば、笑顔が増えたら、自

最後に

分にとってもやっぱり幸せなんじゃないだろうか。

　本当の幸せとは、自分と関わった人間を幸せにすることなんじゃないだろうか。ぼくは、そういう思いがあったからこそ、公務員という職業を選択したし、より力が発揮できるのであろう立場にある管理職になりたいと思った。

　同じ気持ちだという読者がいれば、幸いだ。ぼくが伝えたいことは全て伝えたと思うので、管理職選考を受験するかどうか、あとはみなさん自身で考えて欲しい。

　どちらの選択であったとしても、自分で決めた選択であれば、それは間違っていない。

　最後に、　5歳、3歳、1歳の男子の育児をしながら勉強するという、ものすごい家庭条件の中で、東京都管理職選考Ａの一次選考に合格することができたのは、半分以上が妻の頑張りによるものだ。土日に、一人でカフェに行くことを（快くではないものの）了承してくれたし、直前期に自分の部屋にひきこもって勉強していても、ちゃんとぼくのごはんも作ってくれていた。

　私事ではあるが、この場をお借りして、最愛の妻に最大限の「ありがとう」を言いたい。

　末筆ながら、本書の執筆がなかなか進まない中でも、忍耐強く原稿を待っていただいた公人の友社の武内さんに感謝するとともに、本書の執筆にあたり、いろいろな助言をしていただいた都の職員の皆様方にお礼を言いたい。

みんなのキャリアが、人生が、少しでも豊かなものになることを心より願っている。

2019 年 4 月　moa

【著者プロフィール】

moa

1981 年、岐阜県生まれ。

青山学院大学卒業後、2007 年に東京都に入庁。

早稲田大学大学院法学研究科にて社会保障法を履修し、

法学的な観点からセーフティネット構築の考え方について学ぶ。

2018 年に東京都管理職選考 A の一次選考に合格。

東京都管理職選考 A 受験体験記

2019 年 9 月 10 日　初版発行
2023 年 2 月 27 日　第 2 刷

　　　　著　者　　moa
　　　　発行人　　武内　英晴
　　　　発行所　　公人の友社
　　　　　〒 112-0002　東京都文京区小石川 5 − 26 − 8
　　　　　ＴＥＬ ０３−３８１１−５７０１
　　　　　ＦＡＸ ０３−３８１１−５７９５
　　　　　Ｅメール info@koujinnotomo.com
　　　　　http://koujinnotomo.com/